zeunert's
Schmalspur Bahnen

ISBN 3-924 335-53-2

Herausgeber:
Ingrid Zeunert
Lektorat:
Wolfgang Zeunert
Fachmitarbeiter:
Bernd Backhaus, Klaus Bäuerlein, Andreas Christopher,
Heinz-Dietmar Ebert, Klaus Himmelreich, Eugen Landerer,
Dr. Stefan Lueginger, Dieter Riehemann,
Klaus-Joachim Schrader †, Dr. Markus Strässle
Verlag Ingrid Zeunert
Postfach 1407, 38504 Gifhorn
Hindenburgstr. 15, 38518 Gifhorn
Telefon: (05371) 3542 • Fax: (05371) 15114
e-mail: webmaster@zeunert.de
Internet: www.zeunert.de
Ust-ID: DE115235456
ZEUNERT'S SCHMALSPURBAHNEN
Erscheinungsweise: 1-2 Bände im Jahr.
Alle Rechte vorbehalten!
Copyright 2006 by Verlag Ingrid Zeunert

Alle veröffentlichten Beiträge sind urheberrechtlich geschützt.
Übersetzung, Nachdruck von Text und Abbildungen, Verviel-
fältigung auf fotomechanischem oder ähnlichem Wege oder
im Magnettonverfahren, Vortrag, Funk und Fernsehen sowie Speicherung in Datenverarbeitungsanlagen (auch aus-
zugsweise) bleiben vorbehalten. Die in dieser Reihe
veröffentlichten Beiträge stellen nicht unbedingt die Meinung
der Herausgeberin oder des Lektorats dar. Für Manuskripte
und Abbildungen keine Haftung. Der Verlag setzt bei allen
Einsendungen von Text- und Bildbeiträgen voraus, daß die
Autoren im Besitz der Veröffentlichungsrechte sind, auch
gegenüber Dritten. Texte und Abbildungen werden zur
Herstellung dieser Reihe in Datenanlagen gespeichert. Die
Mitarbeit am Kurzmeldungsteil geschieht ehrenamtlich.
Alle Angaben ohne Gewähr. Zeichnungen, Schaltungen und
Konstruktionsbeschreibungen in dieser Reihe sind für
Amateurzwecke bestimmt und dürfen gewerblich nicht ge-
nutzt werden.
Da Fehler in Text, Daten oder Abbildungen trotz aller Sorgfalt
nicht auszuschließen sind, weisen wir ausdrücklich darauf
hin, daß weder eine Garantie noch eine juristische Verantwor-
tung oder irgend eine Haftung für Sach-, Personen- oder
Vermögensschäden, die auf fehlerhafte Angaben zurück-
gehen, vom Verlag, den von ihm Beauftragen oder einzelnen Autoren übernommen werden können.
Alle genannten Produkt- und Firmennamen sind eingetra-
gene Warenzeichen der erwähnten Unternehmen und nicht
frei verfügbar.

Gedruckt bei
Druckhaus Harms
Martin-Luther-Weg 1, 29393 Groß Oesingen

Schmalspurbahnen in Deutschland
Illustrierte Kurzberichte...2
Schmalspurbahnen in Österreich
Kurzberichte und Fotos
von den alpenländischen Schmalspurbahnen..................24
Schmalspurbahnen in der Schweiz
Bilder und Kurzberichte aus dem Eidgenössischen.........37
Rudolf L. Merz †
»Loisl« ist ganz unerwartet von uns gegangen................40
Rhätische Bahn aktuell
Berichte und Bilder
vom größten europäischen Schmalspurnetz....................41
DR-Baureihe 99.480
Sie gehört zu den schönsten
deutschen Schmalspurdampfloks...................................54
ÖBB-Ybbstalbahn
Bericht über eine
österreichische Schmalspurstrecke................................73
Die Rügensche Kleinbahnstrecke
Putbus-Göhren im Sommer 2006
Aktueller Reisebericht...86
Neue H0e-Modelle
Novitäten von Bachmann/Liliput und ROCO....................91

Titelbild:
Harzer Schmalspurbahnen: HSB-Malletlok 99 5906 am
22.1.2006 in Quedlinburg.   Foto: Jürgen Steimecke

Rücktitel:
ÖBB-Ybbstalbahn: Dampflok Yv 2 vor einem planmäßigen
Holzzug am 16.8.2006 am Tunnel bei Opponitz.
Foto: Dr. Stefan Lueginger

DIE KLEINBAHN
Band 15
jetzt erhältlich

Schmalspurbahnen in Deutschland

Bayerische Zugspitzbahn Bergbahn AG (BZB)

Für die meterspurige Adhäsionsstrecke von Garmisch-Partenkirchen nach Grainau und von dort als Zahnradbahn mit einer maximalen Steigung von 250 ‰ zur Zugspitze (2.600 m), Gesamtlänge insgesamt 18,7 km, hat die BZB vier elektrische Zahnrad- und Adhäsions-Doppeltriebwagen von Stadler in Bussnang/Schweiz beschafft. Die mit Allachsantrieb ausgerüsteten ET können einen Vorstellwagen mitführen, was für die Versorgung des Gipfelrestaurant zwingend notwendig ist.

Die neuen Stadler-Triebwagen haben dank grosser Fenster helle und freundliche sowie klimatisierte Fahrgast- und Fahrerräume mit Fahrzielanzeigen und Fahrgastinformationssystem mit Bildschirmen und Videoüberwachung. Die Einstiegsbereiche sind als großzügige Multifunktionsabteile vorhanden.

Der Wagenkasten ist als leichte Stahlkonstruktion gebaut worden. Die leistungsstarke Antriebsausrüstung besteht aus drei IGBT-Stromrichtern und sechs eigenbelüfteten Asynchronmotoren. Brandmelde- und Bekämpfungsanlagen nach Brandschutzvorschriften für Tunnelbetrieb sind ebenso vorhanden wie fernbediente Fronttüren für

Bayer. Zugspitzbahn: Foto und Typenskizze der neuen Niederflurtriebwagen DTw 12 + 14-16. Werksbilder Stadler/pr.

Bayer. Zugspitzbahn: *ET 6 im März 2006 bei der Einfahrt in den Bahnhof Grainau.*   Foto: Klaus Himmelreich

Evakuierungen im Tunnel.

Technische Daten

Spurweite: 1000 mm
Betr.Nr.: DTw 12, 14-16
Achsanordnung: Bo' Bo' Bo'
Sitzplätze: 102
- Klappsitze: 4
- Stehplätze: 74
Fussbodenhöhe:
- Einstieg: 950 mm
- Abteil: 1.100 mm
Einstiegbreite: 1.600 mm
Länge über Kupplung: 30.600 mm
Fahrzeugbreite: 2.500 mm
Fahrzeughöhe: 3.450 mm
Dienstmasse, tara: 62 t
Drehgestellachsstand: 2.720 mm
Triebraddurchmesser, neu: 875 mm
Max. Leistung am Rad: 1.680 kW
Anfahrzugkraft:
- 300 kN (Zahnrad)
- 140 kN (Adhäsion)
Höchstgeschwindigkeiten:
- bergwärts: 30 (40) km/h
- talwärts bis 140 o/oo 20 km/h
- talwärts 140 bis 250 o/oo 15 km/h
- Adhäsion 70 km/h   *Stadler/pr.*

Borkumer Kleinbahn und Dampfschifffahrt GmbH

Bei der Borkumer Inselbahn gibt es ab 2007 Wendezugbetrieb, was das Umsetzen der Loks an den Endpunkten einspart. Allerdings wird dadurch eine weitere Diesellok notwendig, die SCHÖMA liefern wird (Lokname AURICH). Das Bundesland Niedersachsen hat für diese Betriebsumstellung Fördermittel zugesagt. Der Hafenbahnhof erhielt eine eintausend Quadartmerter große Überdachung. An neun Bahnübergängen wurden Sicherungsanlage eingebaut.

Brohltal- Schmalspureisenbahn-Betriebsgesellschaft mbH (BEG)

Auf der Schmalspurstrecke ist neben den Reisezügen für touristische Zwecke, meistens ein- bis zweimal wöchentlich auch ein Güterzug unterwegs (Phonolithabfuhr ab Brenk in Containern). Die Aufarbeitung der 1997 aus Spanien erworbene Henschel-Diesellok D 5 (so genannte Schmalspur-V 160; ex FEVE 1405) soll 2006 abgeschlossen werden, so daß die Hoffnung besteht, daß die Maschine auch noch im gleichen Jahr in den Betriebsbestand gelangt.   *Dieter Riehemann*

Brohltal: D 2 mit Güterzug am 10.5.2006 im Anschluß Phonolitwerk Brenk.　　　　　Foto: Dieter Riehemann

Döllnitzbahn (DBG)

Die Döllnitzbahn erlebte während der Landesgartenschau 2006 in Oschatz umfangreichen Zugverkehr. Im Vorfeld wurden mehrere Brücken und die Stützmauer an der Breiten Straße in der Oschatzer Innenstadt saniert. So konnte mit täglich bis zu zwölf Zugpaaren ein vertakteter Zubringerverkehr zwischen Haupt- und Südbahnhof angeboten werden. Vor allem in den Morgen- und Nachmittagsstunden waren die Züge sehr gut ausgelastet. Daneben wurden auch Pendelzüge im Gartenschaugelände gefahren, für die man den neuen Haltepunkt Kleinforst-Rosensee errichtet hatte. Die Bahntrasse fügte sich harmonisch in das Parkgelände ein, so daß zahlreiche Besucher annahmen, die Bahn sei extra für die Gartenschau aufgebaut worden. Aber auch die zwei Schülerzugpaare nach Mügeln verkehrten weiter.

Für die Durchführung der zusätzlichen Verkehre bestellte der Kostenträger Zweckverband Leipzig Dampflokbetrieb mit Ergänzung durch Dieselloks. Stammloks waren 99 1561 und die Dieselloks 199 032 und 034. Leider forderte der intensive Zweizugbetrieb seinen Tribut, so fielen 99 1561 mit Kesselproblemen vorübergehend und 199 034 mit Motorschaden langfristig aus.

Nach dem Ende der Landesgartenschau am 8.10.2006 endeten auch die Zugbestellungen aus Nahverkehrsmitteln. Um eine drohende Stillegung abzuwenden beschlossen die Gesellschafter der DBG eine Weiterführung des Schülerzugbetriebs mit zwei Zugpaaren. Dies hat jedoch nur Übergangscharakter, eine existenzbeständige Betriebsform ist noch nicht in Sicht. Der Geschäftsführer der DBG, Gerhard J. Curth, brachte das Konzept einer stark ehrenamtlich geprägten »Bürgerbahn« ein, während die Kommunalpolitiker auf die Zukunft der Bahn in einem zentral geführten Dachverband sächsischer Schmalspurbahnen hoffen.

Im Mügelner Rathaus verfolgt man den Aufschub von Entscheidungen mit Unbehagen. Für die geplante »Erlebniswelt Bahn« sollen die Züge der Döllnitzbahn künftig die Attraktionen Museumsbahnhof Mügeln, Feldbahnschauanlage Glossen und Naturbadesee Kemmlitz verknüpfen. Während die Gleise noch Glossen gerade neu verlegt sind,

DEV, Bruchhausen-Vilsen:
Das Foto zeigt Gerhard Moll an der Mallet-Lok 7s bei ihrer Ankunft in Bruchhausen-Vilsen schon vor längerer Zeit. Die Lok ist mittlerweile zerlegt worden, und es gibt sie zur Zeit nur in Einzelteilen. Ihr Wiederaufbau soll jetzt in Angriff genommen werden.
Foto: Harald Kindermann

auch dazu beigetragen. Der FKBG freut sich natürlich darüber, daß die Malenter die Bahn angenommen haben und sie

mußte die Kemmlitzer Stichbahn wegen Oberbaumängeln dauerhaft betrieblich gesperrt werden. Auch anderswo steht erheblicher Investitionsbedarf an. Wer an der aktuellen Entwicklung der Bahn interessiert ist, sollte sich am besten selbst vor Ort ein Bild machen. Für die Anreise empfehlen sich natürlich die dieselbetriebenen Schülerzüge. Am letzten Sonntag jeden Monats steht 99 1561 für den Förderverein »Wilder Robert« unter Dampf. Ausgerechnet die altmodischte Lok steht nun wieder als Garant für eine Zukunft der Schmalspurbahn. Peter Illert

Döllnitzbahn: Kreuzung der Züge DBG 262 mit Lok 99 1561 nach Mügeln und DBG 265 mit Lok 199 032 nach Oschatz Hbf am 30.9.2006 in Oschatz Süd

FKBG gGmbH

Der »Trödler-Express« fuhr wie er jeden Mittwoch, Samstag und Sonntag vom 2.6. bis zum 31.10.2006 auf 600 mm-Gleisen zwischen Bad Malente-Gremsmühlen und den Flohmarkthallen. Interessant war, daß zunehmend auch Bewohner des östlichen Ortsteiles Gremskamp die Bahn für eine einfache Fahrt benutzen, da der Fußweg fast dreißig Minuten dauert. Die günstigen Anschlüsse mit nur wenigen Minuten Übergang hat wohl

Döllnitzbahn: In Glossen bestand am 30.9.2006 Anschluß zur Feldbahn in den ehemaligen Quarzitbruch. Fotos (2): Peter Illert

FKGB, Malente: Der »Trödler-Express«.   Fotos (3): FKGB/pr.

FKGB, Malente: Gepäckwagen 466 ex Kleinbahn Znin, Baujahr 1894.

FKGB, Malente: Die Aktiven beim Umbau auf Dreischienengleis.

auch benutzen, wenn man auch von diesen Fahrgästen allein nicht leben kann.

Am 20.9.2006 wurde zum ersten Mal bis zum Bahnhofsvorplatz Malente gefahren.

Der Wagen 466 (ex Kleinbahn Znin, Bj. 1894 Düwag) erhielt seine Drehgestelle, die bereits aufgearbeitet worden sind. Danach wird mit dem Innenausbau begonnen. Die Außenbleche und Fenster sollen bis Oktober 2006 ebenfalls fertig sein.

Wagen 381 (ex Kleinbahn Znin, Bj. 1894 Düwag) steht in Hamburg-Finkenwerder bei Oekotech zur Aufarbeitung an. Mit seiner Fertigstellung ist vor 2007 nicht zu rechnen.

Beim 257-Bistro hat man nun schon das zweite Mal innerhalb von einer Woche den Lack zerkratzt. Wenn das so weitergeht! Das restliche Gleismaterial kam aus Wörme bei Handeloh nach Malente, um die Strecke um einige hundert Meter verlängern zu können. Ferner sind Abstell-, Umsetz- und Lokschuppengleise vorgesehen. In Richtung Lütjenburg soll jetzt auch weitergebaut werden. Der Einbau der dritten Schiene jenseits des Bahnübergangs am Bahnhof wurde in Angriff genommen. Der restliche Ausbau ist vom Abbau der Gleise im Bahnhof Lütjenburg abhängig, der erst im September 2006 beginnen kann. Bis Ende 2006 soll Malente Markt erreicht werden. Die Züge werden dann auch - je nach Baufortschritt - bis zum jeweiligen Ende der Strecke verkehren. Die drei Zugpaare sollen voraussichtlich bis zum Jahresende am Mittwoch und Samstag weiterhin verkehren. Im kommenden Jahr wird bis Malente Nord (ehemaliger Hp der Nor-

HSB-Selketalbahn: *99 5902 am 29.8.2006 in Quedlinburg.* Foto: Jürgen Steimecke

malspurstrecke) und anschließend bis Holsteinísche Schweiz die dritte Schiene eingebaut sein. Der Ausbau bis Lütjenburg wird erst erfolgen, wenn ausreichend Spenden für den Gleisbau eingegangen sind. Da auf dem Abschnitt Holsteinische Schweiz-Lütjenburg nur ein bis zweimal am Tag nur in Tagesrandlagen vor oder nach dem Draisinenbetrieb gefahren werden kann, wird dieser Streckenabschnitt kaum wirtschaftlich zu betreiben sein.

In Malente soll im Winterhalbjahr 2005/2006 auch das Kleinbahnhofsgebäude eine Fahrkartenausgabe und einen Büro- und Aufenthaltsraum erhalten.

In den Flohmarkthallen wird im Spätherbst eine spezielle Eisenbahnabteilung eingerichtet, in der es diverse Utensilien aus dem Eisenbahnbereich zu erstehen geben wird.

Auf dem normalspurigen Abstellgleis steht ein uralter Normalspurwaggon ohne Puffer. Die FKBG würde den Wagen gern gegen eine Spende abgeben, da das Schienenmaterial unter dem Waggon benötigt wird. Ein Prellbock neuerer Bauart wäre auch noch zu erben. Vielleicht findet sich ein Verein oder eine Privatperson? Außerdem hat die FKBG jede Menge Betonschwellen zu verschen-

ken (1435 mm) der ältesten Bauart. Auch Holz--schwellen - für 600 mm-Spurweite noch brauchbar - können an Vereine abgegeben werden, die diese nachweislich wieder einbauen oder selbst ordnungsgemäß entsorgen.

Kontaktadresse: Carsten Recht, ehrenamtlicher Geschäftsführer FKBG gGmbH, Am Walde 22, 23714 Malente. Tel. 04523-984764.

Forster Stadteisenbahn, Forst (Lausitz)

Ein Rückblick: Die Stadt Forst war Ende des 19. Jahrhunderts ein Zentrum der deutschen Textilindustrie. Die zahlreichen Fabriken mussten vom Staatsbahnhof aus mit Kohle, Textilrohstoffen und Ausrüstungsgegenständen versorgt werden. Diese Aufgabe übernahm im Jahr 1893 die Forster Stadteisenbahn von den bis dahin genutzten Pferdefuhrwerken. Auf einem meterspurigen Netz von anfangs 17 km Länge und mit 59 Anschlüssen führte die Localbahn AG München mit Krauss-Kastendampfloks einen Rollbockverkehr durch. Die Bahn ging 1920 in städtisches Eigentum über und erreichte 1934 eine Streckenlänge von 34 km mit 113 Weichen und 98 Fabrikanschlüssen. Die Gleise verliefen in der Form mehrerer Ringe durch

Forster Stadteisenbahn: *Meterspurgleis in der Albertstrasse. Von rechts aus der K.-Liebknecht-Str. kommt das Gleis aus dem ehem. Stadtbahnhof, über das alle Züge in das städtische Netz gelangten.*

Forster Stadteisenbahn: *Verfallenen Fabriken und Meterspurgleis in der Albertstrasse (August 2005).*   *Fotos aus Forst (3): Martin Raddatz*

weite Teile der Stadt. Es wurden ohne festen Fahrplan Zustell-rundfahrten, bei Bedarf auch mehrere gleichzeitig, unternommen. Als Betriebsmittel für die Schmalspurbahn standen acht zweiachsige Dampfloks von Krauss (Baujahr 1896 bzw. 1922/1925), bis zu 128 Rollböcke und für den Stückgutverkehr einige Güterwagen zur Verfügung. Ende 1965 wurde die Meterspurbahn stillgelegt.

Quelle: Jünemann/Preuß, »Schmalspurbahnen zwischen Spree und Neiße«, Berlin 1985.

Was ist vierzig Jahre später geblieben? Den Rangierbetrieb auf den Normalspurgleisen des Bahnhofs Forst hat mittlerweile die AHG Handel & Logistik GmbH übernommen. Eingesetzt wird eine LKM-Diesellok des Typs V 22 B.

In unmittelbarer Nähe des Staatsbahnhofes, in der Karl-Liebknecht-Straße, ist der frühere Stadtbahnhof mit seinen Ziegelbauten und dem gepflasterten Hof noch gut zu erkennen. Auch ein Spaziergang durch die Stadt lohnt sich. An zahlreichen Stellen prägen verlassene alte Fabrikgelände, oft mit einer verfallenden Fabrikantenvilla hinter kunstvollem Eisenzaun, das Bild. Die Gleise der Stadteisenbahn liegen noch in mehreren Straßenzügen und lassen die Führung durch ausholende Kurvenbögen und enge Fabrikeinfahrten noch gut erkennen. Empfehlenswert sind zum Beispiel die Bereiche Karl-Liebknecht-Straße/Albertstraße, Sorauer Straße/Badestraße/Max-Fritz-Hammer-Straße und Heinrich-Werner-Straße. Die Lok. 36 (Krauss 1896/2796) wird seit 1966 im Verkehrsmuseum Dresden erhalten.   *Martin Raddatz*

Harzer Schmalspurbahnen GmbH (HSB)

Vom am 18.4.2005 begonnenen
Umbau des Teilstücks Gernrode-
Quedlinburg der stillgelegten
DB-Nebenbahn Frose-Gernrode-
Quedlinburg von Normal- auf
Meterspur konnte am 22.1.2006
in soweit Fortschritt vermeldet
werden, dass erstmals eine Probefahrt mit einem Meterspur-
triebwagen stattfinden konnte.
Offizielle Eröffnung war dann am
4.3.2006, obwohl noch einige
Bahnübergang-Sicherungsan-
lagen fehlten. In der Folge waren
dann zwar bereits Sonderfahrten, der Planbetrieb aber erst ab
26.6.2006 möglich.
In Quedlinburg wurde das Bahn-
steiggleis 3 auf Meterspur umgebaut. Darüber hinaus bestehen ein meterspuriges Umfah-
rungsgleis und ein (gestumpf-
tes) Abstellgleis.

HSB-Selketalbahn: 99 6001 am 5.3.2006 in Harzgerode. Foto: Jürgen Steimecke

Künftig werden die meisten
Züge der Selketalbahn in Quedlinburg beginnen/enden, ferner
soll es einige »Lokalzüge« nur
zwischen Gernrode und Quedlinburg geben.
In Wernigerode wurde 2005 die
neue Fahrzeughalle mit Wasch-
anlage in Betrieb genommen.
Auf den sieben zusammen
1.700 m langen Hallengleisen
können etwa sechzig Waggons
geschützt untergestellt werden.
Zwischen dem Schotterwerk
Unterberg (zwischen Eisfelder
Talmühle und Stiege) und

HSB-Selketalbahn: 187 011 am 5.3.2006 in Gernrode. Foto: Jürgen Steimecke

HSB-Selketalbahn: *99 6001 am 5.3.2006 in Gernrode.*   Foto: Jürgen Steimecke

HSB-Selketalbahn: *187 019 und 99 5906 am 16.10.2006 vor dem Bw Gernrode.*   Foto: Jürgen Steimecke

HSB-Selketalbahn: T 3 mit Sonderzug am 20.5.2006 in Bad Suderode. Foto: Dieter Riehemann

Nordhausen werden täglich zwei bis drei Rollwagen-Güterzüge mit Diesellok 199 872 gefahren. Schwesterlok 199 874 wird nach Hauptuntersuchung im Bw Wernigerode-Westerntor hier ebenfalls eingesetzt werden.

Dieter Riehemann

ehem. Jagsttalbahn Möckmühl-Dörzbach

Ostern 1976 bleibt für den Verfasser dieses Beitrags unvergesslich. Damals konnte die Jagsttalbahn ihr 75-jähriges Bestehen feiern. Die festlich geschmückte Dampflok »Helene« der Deutschen Gesellschaft für Eisenbahngeschichte (DGEG) zog Sonderzüge zwischen Dörzbach und Krautheim, und überall gab es bunte Rahmenprogramme. Die Bahnanlagen waren gepflegt, es fuhren regelmäßig Güterzüge, und ein Teil der Schüler aus den anliegenden Gemeinden nutzten die Triebwagen der Bahn. Die DGEG bot regelmäßig Sonderfahrten zwischen Möckmühl und Schöntal an, die an bestimmten Tagen bis Dörzbach verlängert wurden. Dreißig Jahre später wurde dem Jagsttal erneut ein Besuch abgestattet. Von der einstigen Bahn-

herrlichkeit war nicht mehr viel zu sehen, und wie es dort weiter gehen wird, ist völlig ungewiss. Zwar bemühen sich die Jagsttalbahnfreunde e.V. und die gemeinnützige Jagsttalbahn AG, deren Aktivitäten sehr zu würdigen sind, um eine baldige Wiederaufnahme des Museumsverkehrs zumindest auf einem Teilabschnitt, doch es zieht sich alles in die Länge.

Ein Blick in die Geschichte

Nach dem damals üblichen hin und her wurde am 18.12.1900 zunächst der Güterverkehr auf der 750 mm schmalspurigen und 39 Kilometer langen Jagsttalbahn von Möckmühl nach Dörzbach eröffnet. Drei Monate später, am 13.3.1901 fuhren die ersten Personenzüge. Die Verkehrsleistungen waren nie beachtlich. Mehr als 50.000 Tonnen wurden pro Jahr nicht befördert. Bereits mit Ablauf des 31.12.1951 endete der Personenverkehr.

Zur Ablösung der Dampfloks und zur Entlastung der Schlepptriebwagen aus gebraucht erworbenen Beständen beschaffte man 1965 bei der Firma Gmeinder aus Mosbach zwei fabrikneue Diesellok V 22 01 V 22 02, die bei Bedarf in Doppeltraktion zu fahren waren.

Jagsttalbahn: *Lok HELENE mit DGEG-Sonderzug Ostern 1976 in Dörzbach vor der Rückfahrt nach Möckmühl..*

Vor allem im Frühjahr und im Herbst waren umfangreiche Düngertransporte abzuwickeln, daneben spielte die Zuckerrübenabfuhr eine wichtige Rolle. Von Kornwestheim aus gab es Stückgutverkehr bis Möckmühl, wo dieses Frachtgut auf schmalspurige, gedeckte Wagen umgeladen und nach Bieringen, Krautheim und Dörzbach transportiert wurde.

Mit Ablauf des 31.8.1979 endete der Schülerverkehr auf der Schiene. Das hierfür vorgehaltene Rollmaterial fand danach Verwendung in den Museums- und Ausflugszügen, von denen es reichlich gab. Ende 1979 wurde der Stückgutverkehr zur benachbarten Kochertalbahn verlagert. Fortan fuhren die Güterzüge nur noch nach Bedarf, wobei diese besonders in den Sommermonaten oftmals über Tage hinweg ganz ausfielen. Dem damals rückläufigen Frachtaufkommen stand eine stark ansteigende Nachfrage an Sonder- und Ausflugsfahrten gegenüber. Bereits bei den Abschiedsfahrten für die letzte betriebsfähige Dampflok Nr. 152, die später von der DGEG für ihr damaliges Museum in Viernheim übernommen wurde, gab es 1965 erste Gedankengänge zu regelmäßigen Sonderfahrten auf Teilabschnitten. Hierzu beschaffte die DGEG im Jahre 1970 die dreiachsige

Dampflok »Helene«, die ab 25.7.1971 über Jahre hinweg für die Zugförderung der Museumszüge zuständig war. Ferner sollte nach einer Aufarbeitung die letzte DB-Malletlok 99 633, die zuvor in Ochsenhausen und Bad Schussenried beheimatet war, zum Einsatz kommen.

Im Jahre 1984 gründeten sich die Jagsttalbahnfreunde e.V., die zusammen mit der örtlichen SWEG-Betriebsleitung in Dörzbach ebenfalls Sonderfahrten anbot. Hier kamen meist Dampfloks aus dem Privatbesitz von Herrn Seidensticker zum Einsatz. Um den stark angestiegenen Bedarf an Personenwagen abzudecken, wurden gebrauchte Fahrzeuge in der Schweiz gekauft und umgebaut. 1986 endete bedauerlicherweise das Nebeneinander von SWEG und DGEG. Zuvor fuhr noch kurzzeitig die 99 633 der DGEG im Jagsttal. Die örtliche Betriebsleitung in Dörzbach bot nun zusammen mit den Jagstalbahnfreunden die Ausflugsfahrten allein an, die zu einer nicht zu unterschätzenden Einnahmequelle wurden. Dem gegenüber stand ein Güteraufkommen mit aufgebockten Regelspurfahrzeugen von nur ganz minimaler Bedeutung.

Plötzliche Betriebseinstellung und danach

Im Dezember 1988 fand eine Überprüfung der

Jagsttalbahn: *VT 303 Ostern 1976 in Dörzbach.*   *Jagsttalbahn-Fotos von Joachim Schwarzer*

Gleisanlagen und der Eisenbahnbrücken durch die Aufsichtsbehörde statt. Hierbei wurden erhebliche Schäden in Teilbereichen festgestellt, die eine sofortige Sperrung für den Gesamtbetrieb durch die SWEG erforderlich machten. Seit dieser Zeit ruht der Zugverkehr.

In den folgenden Jahren gab es vielseitige Bemühungen um zumindest den Ausflugsverkehr wieder anzukurbeln. Wegen Befürchtungen, dass ein baldiger Gleisabbau erfolgen könnte, gelang es, die gesamte Strecke unter Denkmalschutz zu stellen. Gleichzeitig wurden Gutachten zur Sanierung der Bahnanlagen erstellt. So ging man um 1990 davon aus, dass etwa 15 Millionen DM erforderlich seien. Zwei Drittel davon wollte das Land übernehmen, den Rest die anliegenden Kommunen tragen. Ferner war ein Konzept für einen kostendeckenden Zugverkehr erarbeitet worden. Bis Sommer 1992 gab es keine Entscheidung zur weiteren Vorgehensweise, so dass sich das Bundesland Baden-Württemberg entschloss, die zugesagten Finanzmittel aus dem Landeshaushalt zu nehmen. Leider gelang es auch in den Folgejahren nicht, ein Betriebskonzept zu erstellen, oder gar den Zugverkehr wieder aufzunehmen. Besonders die Gemeinde Möckmühl drängte damals auf eine baldige

Entscheidung wie es mit der Bahn weitergehen soll, weil sie die in ihrem Bereich verlaufende Gleistrasse bis Widdern gerne für andere Zwecke nutzen wollte. Aufgrund der weiter zögerlichen Haltung gelang es der Stadt im Jahre 1997, dass der Denkmalschutz für den Abschnitt Möckmühl-Widdern aufgehoben und die Gleisanlagen in diesem Bereich entwidmet wurden.

Im März 1998 waren die im Freien abgestellten Wagen und die Gleisanlagen von der fast zehnjährigen Betriebsruhe bereits stark gekennzeichnet. Ein Großteil des Rollmaterials stand in Dörzbach, weiteres auf Unterwegsbahnhöfen. Damals war noch die Bahn auf ihrer gesamten Länge einschließlich der Umladeanlagen in Möckmühl vorhanden. Gleich danach begann der Abbau von dort bis Widdern.

Zur Jahrtausendwende kam Bewegung in die Bemühungen, die Bahn zwischen Widdern und Dörzbach zu erhalten und den Museums- und Ausflugsverkehr wieder aufzunehmen. Die noch vorhandenen Fahrzeuge, soweit sie nicht in Privatbesitz waren oder anderen Vereinen gehörten, sollten die Jagsttalbahnfreunde übernehmen. Diese wiederum gründeten die gemeinnützige Jagsttalbahn AG, die die Aktivitäten der Bahnfans

Jagsttal: Lok HELENE Ostern 1976 in Dörzbach.

Jagsttal: Bw-Gelände Dörzbach am 1.6.1979 mit Lok V 22-02.

Jagsttal: Abgestelle Fahrzeuge in Dörzbach (10.3.1996).

koordinieren sollte. Gleichzeitig ging ein Großteil der Liegenschaften an die Gemeinden, auf denen die Grundstücke lagen. Bei der hundertjährigen Jubiläumsfeier der Strecke Neckarbischofsheim-Hüffenhardt im Jahr 2002 waren die Jagsttalbahnfreunde ebenfalls mit einem Stand vertreten und sprachen von einer baldigen Betriebsaufnahme zwischen Dörzbach und Krautheim. In der Folgezeit brachte man das rollende Material (ohne die Triebfahrzeuge, die nach wie vor geschützt untergestellt sind) nach Bieringen, um sie dort zur gegebener Zeit aufzuarbeiten.

Die zwischen Dörzbach und Krautheim vorhandenen Gleisanlagen waren für einen Zugverkehr nicht mehr geeignet, wurden abgebaut und sollten mit gebraucht erworbenen Material neu errichtet werden. Entfernt hat man bis heute sämtliche Gleise in Dörzbach, ferner den Oberbau bis zur östlichen Einfahrt von Krautheim.

Aus verschiedenen Gründen geht es mit den Bemühungen zum Wiederaufbau nur sehr langsam vorwärts, und das ist das Hauptproblem: Fast 18 Jahre fährt nun schon kein Zug, und es wird in Anbetracht der finanziellen Situation der kleinen Kommunen im Jagsttal immer schwieriger, diese von der Wichtigkeit eines schmalspurigen Museumsverkehrs für den Tourismus zu überzeugen.

Im Februar 2006 mussten die Bahnfans einen schweren Rückschlag hinnehmen, weil die Stadt Krautheim gerade wegen dieser finanziellen Probleme aus dem Projekt Jagsttalbahn ausstieg. Welche Folgewirkung dieser

Jagsttalbahn: 22-02 mit Güterzug am 2.6.1979 in Dörzbach.

Rückzug für die Zukunft hat, wird sich noch zeigen müssen.

Anfang Juli 2006 ging die Gmeinder-Diesellok V 22 01 leihweise an die Oechsle Schmalspurbahn. Dort soll die Maschine eine HU erhalten und im Rangier- und Bauzugdienst zum Einsatz kommen. Ferner streben die Jagstalbahnfreunde und die Oechsle Schmalspurbahn eine gewisse Zusammenarbeit an, die sehr zu begrüßen ist.

Die Situation im Juli 2006

Das Bahnhofsgebäude von Dörzbach ist vorbildlich restauriert worden, und das ist im Moment das wirklich einzig Erfreuliche. Bis auf kurze Gleisstücke vor den Lokschuppen sind dort, sowie weiter in Richtung Krautheim, fast alle Gleisanlagen entfernt. Quer über das Bahngelände ist vom Landhandel zum Industriegebiet ein Verbindungsweg aufgeschüttet worden, und das lässt nicht besonders positiv in die Zukunft blicken. Im Endpunkt stehen mehrere normalspurige Bauzugwagen aus DB-Beständen und einige Schmalspurgüterwagen. Ferner findet man jede Menge gebrauchte Gleisjoche und Holzschwellen, die dem geplanten Wiederaufbau dienen sollen. Im Einfahrtsbereich wurden bereits einige Gleisstücke zusammengesetzt. Der Bahndamm in Richtung Krautheim ist von einer dicken Grasnarbe überzogen. Dort ist rund um das Empfangsgebäude ein Busbahnhof sowie im östlichen Bereich eine kleine Grünanlage entstanden. Die Gleisanlagen liegen hier noch, sind aber unbefahrbar und mit einer weißen Kiesschicht überzogen. Entfernt hat man die auf dem Bahngelände abgestellte SWEG-Jagsttaldampflok 24, die dort als Denkmal an bessere Zeiten erinnerte und die sich jetzt in der Obhut der Jagsttalbahnfreunde befinden soll. Eine betriebsfähige Aufarbeitung ist zu gegebener Zeit geplant. Im weiteren Verlauf kann man bis Widdern unter einer dicken Grasnarbe sowie hohen Busch- und Strauchwerk die Gleise und Weichen finden. Das Rollmaterial ist, wie bereits erwähnt, in Bieringen zusammengezogen und harrt der Dinge, die da kommen sollen. Vieles befindet sich leider in einem optisch sehr unschönen Zustand, und es ist bedauerlich, dass eine ausreichende Pflege nicht möglich ist. In Möckmühl ist von der Schmalspurbahn fast nichts mehr zu sehen. Es stehen lediglich die beiden Fahrzeugschuppen der DGEG. Alles andere ist städtebaulichen Maßnahmen zum Opfer gefallen. Die Deutsche Bahn bedient den eigenen Güterbahnhof nicht mehr, hat viele Gleise abgebaut. und den Rest holt sich die Natur zurück.

Jagsttal: Bahnhof Bieringen am 18.7.2006

Jagsttal: Abgestellte Fahrzeuge im Bahnhof Bieringen (18.7.2006),

Jagsttal: Das ehemalige Bahngelände in Krautheim (18.7.2006).

Wer als Bahnfan das Jagsttal ohne Auto bereisen möchte, kann die gut ausgebauten Regio-Buslinien der SWEG von Bad Mergentheim über Dörzbach und Krautheim nach Künzelsau sowie von Dörzbach nach Möckmühl und zurück nutzen. Besonders an Schultagen wird häufig im 60- oder 30-Minuten-Takt gefahren, in den Ferien und an den Wochenenden ist das Angebot entsprechend ausgedünnt. Weitere Informationen zum geplanten Museumsbetrieb findet man im Internet unter www.jagstalbahn.de und zu den Busfahrplänen der SWEG im Netz unter www.nvh.de

Fazit aus Sicht des Verfassers

Um es gleich zu sagen und damit es keine Missverständnisse gibt: Die Aktivitäten der Eisenbahnfreunde im Jagsttal sind nicht hoch genug zu bewerten, und man kann diesen nur wünschen, dass zumindest auf einem Teilabschnitt, z. B. von Dörzbach bis Klepsau oder Krautheim, bald wieder Züge fahren. Doch man sollte realistisch bleiben. Es muss bald etwas geschehen, denn eine Bahntrasse, die seit achtzehn Jahren ohne Zugverkehr ist, birgt Begehrlichkeiten diese anderweitig zu nutzen, selbst wenn sie (noch) unter dem Denkmalschutz steht. Sicher dürfte auch sein, dass die 31 km. lange Strecke von Dörzbach bis Widdern in der heutigen Zeit der leeren Kassen in ihrer Gesamtheit als reine Museumsbahn kaum zu erhalten sein wird, zumal die Wiederinbetriebnahme einem Neuaufbau gleich kommt. Hier sind Kompromisse erforderlich, auch wenn es schwer fällt. Besonders wichtig wäre außerdem, dass die in Bieringen hinterstellten Wagen eine sachgemäße Pflege und baldige Aufarbeitung erhalten, damit das historisch wertvolle Material nicht noch weitere Schäden erleidet.

Joachim Schwarzer

Mecklenburgische Bäderbahn Molli GmbH.

Am 21.12.2004 wurde die neue Bahnwerkstatt in Bad Doberan der Bestimmung übergeben. Den Rangierdienst versieht hier die Kleindiesellok 199 014 (V 10 C).

Dieter Riehemann

Schmalspurbahn Nebitzschen-Glossen

Am 21.4.2006 wurde die wieder aufgebaute Schmalspurbahnstrecke (Mügeln -) Nebitzschen-Glossen eröffnet. Nach der etwa 34-jährigen Pause (Einstellung Gesamtverkehr am 30.9.1972) sind die Züge auf diesem ca. 1,5 Kilometer langen Streckenstück wieder unterwegs. Höhepunkt ist die Verknüpfung dreier Spurweiten im Bahnhof Glossen: 600 mm-Feldbahn, 750 mm-Schmalspurbahn und auf Rollfahrzeugen aufgeladene 1435-mm-Regelspur-Fahrzeuge demonstrieren die unterschiedlichen Transporttechnologien vergangener Jahre. Diese Kombination soll zukünftig (ergänzt um modellbahnerische Aktivitäten) unter dem Titel »Erlebniswelt Eisenbahn« präsentiert werden. Der Wiederaufbau wurde vom Förderverein »Wilder Robert e.V.« initiiert und durch erhebliche Eigenleistungen materieller wie finanzieller Art unterstützt. Die Gemeinde Sornzig-Ablaß - hier besonders zu nennen der Bürgermeister Volkmar Winkler -

Jagsttal: V 22-02 mit Güterzug am 2.6.1979 in Jagsthausen.

Jagsttal: Bahngelände Jagsthausen am 2.6.1979.

Jagsttal: Bahnhofsgebäude Schöntal (18.7.2006).

Molly: *Kleinlok 199 014 am 20.9.2005 vor der neuen Werkstadt in Bad Doberan.* Foto: Dieter Riehemann

Nebitzschen-Glossen: *Viel Betrieb am 21.4.2006 mit zwei sächs. VI K in Glossen.* Fotos (4): Niels Kunick

konnte Fördermittel in Höhe von ca. 300.000 Euro aus dem Europäischen Programm Leader plus beisteuern. Die Bauzeit betrug sechs Monate, und trotz des witterungsbedingten Verzugs konnte die Strecke noch rechtzeitig vor dem Beginn der Sächsischen Landesgartenschau in Oschatz fertig gestellt werden. Während dieser Veranstaltung (22.4. bis 8.10.2006) verkehrten jeweils Samstags und Sonntags Dampfzüge zwischen Oschatz und Glossen.

Neben der 99 1561 des Fördervereins Wilder Robert war die langjährige Mügelner »Stammlok« 99 516, die heute von der Museumsbahn Schönheide betreut wird, vor den Zügen unterwegs. *Niels Kunick*

Rügensche Kleinbahn GmbH & Co. KG

Am Morgen des 20.9.2006 traf in Putbus mit der 99 594 eine weitere Dampflokomotive ein. Die im Jahre 1913 bei der Firma Hartmann mit der Fabriknummer 3714 gebaute Vierzylinder-Lok mit der Achsfolge B´B´n4vt soll nach ihrer Komplettierung zukünftig den Fuhrpark der Rügenschen Kleinbahn verstärken und vor allem für Traditionszugbespannungen zur Verfügung stehen.

Die bei Eisenbahnfreunden unter der Lokgattung sächsische IVK bekannte Lokomotive hat dabei durchaus einen historischen Bezug zur Insel Rügen. Insgesamt sechzehn ihrer Schwestermaschinen fuhren in den 1950er und 1960er Jahren unter Verwaltung der Deutschen Reichsbahn auf dem Netz der Rügenschen Kleinbahnen. Dabei waren sogar

Nebitzchen: sächs. IVK-Doppelbespannung (vorn 99 1561) in Mügeln.

Nebitzchen: sächs. IVK-Doppelbespannung am Sturzgerüst in Glossen.

Nebitzchen: Sonderzug mit sächs. IVK-Doppelbespannung (vorn 99 1561).

Rügen: *99 594 mit abgebautem Schornstein nach ihrer Ankunnft in Putbus.*
Foto: Dirk Bansen/RüKB/pr.

ex Spreewaldbahn: *Bw Straupitz im April 2005.*

ex Spreewaldbahn: *Bahnhof Straupitz wird im August 2005 restauriert.*

bis zu acht Maschinen dieser Gattung gleichzeitig im Betriebsdienst auf der Insel vertreten.

Dirk Bansen/RüKB/pr.

Spreewaldbahn-Spurensuche 2005

Die Spreewaldbahn wurde 1898 eröffnet. Sie erreichte 1904 mit einem Streckennetz von 84,6 km ihre größte Ausdehnung: Meterspurgleise zwischen Lübben-Straupitz-Byhlen-Cottbus, Straupitz-Goyatz und Byhlen-Lieberose Bahnhof. Der Betrieb wurde bis Anfang 1970 eingestellt. 1971 wurden zwei Dampfloks zur musealen Aufbewahrung abgegeben:

99 5703 (Hohenzollern 1897/940; Cn2t) befindet sich seitdem im Spreewaldmuseum Lübben.

99 5633 (Jung 1917/2519; 1'Cn2t) wird als Lok »Spreewald« vom DEV Bruchhausen-Vilsen betriebsfähig erhalten. Dort befinden sich auch die Personenwagen 12 und 15 (Baujahr 1897) und der Gepäckwagen 104 (Baujahr 1909). Nach deren Aufarbeitung könnte wieder ein stilreiner Spreewaldbahnzug eingesetzt werden.

Seit Jahren wurden Pläne geschmiedet, zwischen Cottbus und Burg (oder sogar Straupitz) eine neue Spreewaldbahn aufzubauen. Die Strecke sollte wieder in Meterspur, aber auf einer veränderten Trasse angelegt werden und dem Schüler-, Berufspendler-, Touristen- und Einkaufsverkehr dienen. Diskutiert wurden eine Ausführung als Oberleitungsstraßenbahn, welche zur Vermeidung störender Masten streckenweise auch mit zusätzlichem Diesel- oder Akkuantrieb ausgerüstet sein könnte, oder als

Kleinbahn mit Diesel-Rapsöl-Triebwagen. Mittlerweile hat sich herausgestellt, dass dieses Projekt aus wirtschaftlichen Gründen nicht zu realisieren ist. Für den Schmalspurfreund lohnt es sich dennoch, im Spreewald auf Spurensuche zu gehen, da sich an zahlreichen Stellen noch Trassenreste und Bahnbauten finden lassen. Einige Beispiele aus dem Sommer 2005: In Straupitz befand sich mit einem großzügigen Betriebswerk das betriebliche Zentrum der Spreewaldbahn. Das Betriebswerk mit seinem charakteristischen Fachwerktürmchen, dem Lokschuppen und der Fahrzeugwerkstatt existiert - eingezäunt, gleisfrei und teilweise zugewachsen - nach wie vor. Die Deutsche Bahn AG sorgt für die bauliche Unterhaltung der Gebäude. Die Anlage wurde zuletzt zur Lagerung von Museumsfahrzeugen der Spurweite 750 mm aus dem Bereich Öchsle und Bad Waldsee genutzt. Hier sollen sich zeitweise bis zu 26 Wagen und sechs Dampfloks (vier Px 48, eine Las und 99 594) befunden haben. Im August 2005 waren noch vier Güterwagen zu sehen.

Der benachbarte Bahnhof Straupitz ist an einen Liebhaber alter Bausubstanz verkauft worden und wird schrittweise denkmalgerecht saniert. Es handelt sich um ein typisches Spreewaldbahngebäude: Rotes Ziegelmauerwerk, das bis auf einen unteren Sockel hell verputzt worden ist und Fachwerk im Dachbereich. Im Obergeschoss des Bahnhofs sind zwei Ferienwohnungen eingerichtet worden.

Im nahegelegenen Ort Neu Zauche gibt es zwar ein Gasthaus »Zur Spreewaldbahn«, ein Bahn-

ex Spreewaldbahn: Bf. Goyatz im August 2005.   Fotos (3): Martin Raddatz

Thüringerwaldbahn: Tw 43 + Bw 92 am 18.2.2005 auf Linie 2 in Gotha.

Thüringerwaldbahn: Tw 56 am 18.2.2006 bei Reinhardsbrunn. Auf der parallel verlaufenden DB AG-Strecke ein VT 641.   Fotos (2): Dieter Riehemann

Thüringerwaldbahn: Tw 215 am 18.2.2006 zwischen Waldwinkel und Leina.　　　Foto: Dieter Riehemann

hofsgebäude gab es hier allerdings nie. Man kann in unmittelbarer Nähe dieses Gasthauses aber noch gut die ehemalige Bahntrasse und einen Güterschuppen erkennen.

Auch der Bahnhof Lieberose (Ort), dessen Gleisseite durch einen Anbau überbaut worden ist, diente zwischenzeitlich als Gaststätte (»Zur Kleinbahn«). Mittlerweile ist die Gaststätte geschlossen, und das Gebäude wirkt vernachlässigt.

Besser sieht es aus in Goyatz: Der Bahnhof wurde gründlich saniert. Am Bahnsteig wurde wieder ein Stück Gleis verlegt, auf dem der Packwagen KD4i 904-002 aufgestellt wurde.

Am bekanntesten dürfte der Spreewaldbahnhof Burg sein, in dessen saniertem Empfangsgebäude seit nunmehr zehn Jahren ein Gasthaus mit starkem Kleinbahnbezug betrieben wird. Die Wände sind voll mit alten Schildern, Bahnteilen und Bildern. Die Tische haben keine Nummern, sondern Namen von Spreewaldbahn-Bahnhöfen. Die Bestellung der Getränke und deren »Anlieferung« erfolgt mit einer originellen, immer an der Wand entlangführenden Lehmann-Gross-Bahn. So ist einem Gast der optische Genuss sicher. Im Außenbereich dieses stimmungsvollen Bahnhofs stehen acht Wagen und ein Schneepflug der Spreewaldbahn. Auch die nahegelegene Brücke der Spreewaldbahn über die Spree ist erhalten geblieben. Sie dient heute als Autozufahrt zu einem Betriebsgelände.

Martin Raddatz

Thüringerwald- und Straßenbahn Gotha

Die Meterspurbahn betreibt innerstädtisch in Gotha die Strassenbahnlinien vom Bahnhof zum Ostbahnhof sowie zum Kreiskrankenhaus. Die Anbindung des neuen Kreiskrankenhauses ist erst vor wenigen Jahren erfolgt und geschieht am Stadtrand per Abzweigung (Gleisdreieck) von der Überlandstrecke. Die Überlandstrecke ist der über die Station Gleisdreck (abzweigende Strecke nach Waltershausen Bahnhof) nach Tabarz führende Lebensnerv der Bahn mit kleinbahnähnlichem Charakter.

Obwohl die Thüringerwaldbahn laufend investiert und modernisiert hat und 2006 die Düwag-Sechsachser durch erst etwa 15 Jahre alte Erfurter Tatra-Wagen ersetzen will, ist der Bestand der Bahn gefährdet. Dies liegt nicht in erster Linie an den durchaus nicht immer überzeugenden Fahrgastzahlen, sondern an den Kommunalparlamenten in Tabarz und Friedrichrode. Diese sind nicht mehr gewillt, sich an der Defizitabdeckung der Thüringerwaldbahn zu beteiligen und gefährden damit den Bestand des gesamten Betriebes.

Dieter Riehemann

Diese Bände sind nochlieferbar!

Band 11: 80 Seiten, 39 Farb- + 93 SW-Fotos, EUR 11,50 (D)*.

Band 12: 80 Seiten, 33 Farb-+118 SW-Fotos, EUR 11,50 (D)*.

Band 13: 96 Seiten, 58 Farb-+124 SW-Fotos, EUR 11,50 (D)*.

Band 14: 96 Seiten, 37 Farb- +127 SW-Fotos, EUR 11,50 (D)*.

Band 15: 96 Seiten, 67 Farb- +103 SW-Fotos, EUR 12,50 (D)*.

Band 16: 96 Seiten, 158 Farb- + 44 SW-Fotos, EUR 12,50 (D)*.

Band 17: 96 Seiten, 143 Farb-+35 SW-Fotos, EUR 12,50 (D)*.

Band 18: 96 Seiten, 165 Farb- + 24 SW-Fotos, EUR12,50 (D)*.

Band 19: 96 Seiten,184 Farb- und 15 Shwarzweiß-fotos, EUR 12,50 (D)*.

Band 20: 112 Seiten, 200 Farb- und 29 SW-Fotos. EUR 15,00 (D).

Band 21: 96 Seiten, 169 Farb- und 20 SW-Fotos, EUR 15,00 (D)*.

Band 22: 96 Seiten, ,184 Farb- und 5 SW-Fotos,.EUR 15,00 (D)*.

Band 23: 96 Seiten, 157 Farb- und 3 SW-Fotos, 3 Zeichn., EUR 15,00 (D).*

Band 24: 96 Seiten, 141 Farb- und 15 SW-Fotos, EUR 15,00 (D).*

Band 25: 96 Seiten, 140 Farb- und 3 SW-Fotos, 7 Zeichng., EUR 15,00 (D).*

Postanschrift: Postfach 14 07, D 38504 Gifhorn
Hausanschrift: Hindenburgstr. 15, D 38518 Gifhorn
Telefon: 05371-3542 • Telefax: 057 -15114
e-mail: webmaster@zeunert.de
Internet: www.zeunert.de
Umsatzsteuer-ID: DE115235456
* Porto je Band: EUR 1,40 (D)

Schmalspurbahnen in Österreich

Bregenzerwald-Museumsbahn (BWB)

Die BWB hat im vergangenen Winter in der Werkstätte ihres Obmanns Hans Meusburger in Bezau den Stubaitaler Personenwagen Bi 101 mit einem neuen Wagenkasten mit fünf Seitenfenstern und Flachbogendach versehen lassen. Der bedingt durch die früheren Meterspurnormalien mit relativ grossen Rädern versehene nach wie vor im Vergleich zu den 760 mm-Fahrzeugen relativ »hochbeinige« Wagen wurde durch das tieferziehen der Seitenwände und das optisch den achtfenstrigen BWB-Wagen 107-111 angepasste Dach zu einer Neukonstruktion, die in gewisser Weise an Meterspurwagen aus der Schweiz erinnert. Er steht seit der Saison 2006 im Bregenzerwald als Verstärkungswagen im Einsatz.   *Dr. Markus Strässle*

»kohle und dampf«

Vom 6.5. bis 5.11.2006 wurde die »Oberösterreichische Landesausstellung« in Ampflwang auf dem ehemaligen Gelände einer Kohlenzeche veranstaltet. Themen waren einmal der frühere Kohleabbau hier im Hausruck, einem Vorgebirge der Alpen, sowie die Entwicklung der Eisenbahn in Oberösterreich. Die ehemalige Sortieranlage der Zeche, ein turmartiger Betonbau, war als Ausstellungsgebäude hergerichtet worden, wobei die unteren Stockwerke dem Bergbau und die oberen Geschosse der Eisenbahn gewidmet waren. Zu beiden Themen gab es zahlreiche Schaustücke, bei der Eisenbahn auch mehrere tolle Modellbahnanlagen und gelungene Schaudioramen.

Für Eisenbahnfreunde war natürlich auf der Landesausstellung das Bahngelände der Österreichischen Gesellschaft für Eisenbahngeschichte (ÖGEG), die auf dem ehemaligen Zechnengelände eine Bleibe für ihre Fahrzeugsammlung gefunden hat, von besonderem Interesse. Ein von Architekt Dr. Stefan Lueginger neu gebauter Ringlokschuppen mit Drehscheibe (aus dem ehemaligen Bw Rosenheim stammend und von der DB AG überlassen) beeindruckte die Besucher ebenso, wie die

»kohle und dampf«: Der Bahnbereich mit dem neuen ÖGEG-Ringlokschuppen.   *Fotos (4): Dr. Stefan Lueginger*

*Oberösterreichische
Landesausstellung 2006
»kohle und dampf" in Ampflwang*
Oben:
*Dampflok 298.102 der Steyrtalbahn
im »Schmalspur-Anbau« auf dem
Vierschienengleis des neuen Ringlok-
schuppens.*
Mitte:
*Salzkammergut-Bergbahn-Zahnrdlok
Z3 auf einem Demogleisstück im neu-
en Ringlokschuppen.*
Unten:
*In Schauvitrinen war u.a. das H0e-
Modellbahn-Brückenmodul mit ÖBB-
Schmalspurtriebwagen 5050 018 zu
sehen.*

kalt oder sogar unter Dampf ste-
henden Lokomotiven. Unsere
Fotos zeigen, was für den
Schmalspurbahnfreund von besonderem Interesse war.

»kohle und dampf« war eine
durch und durch gelungene
Landesausstellung, zu der man
die Veranstalter beglückwün-
schen kann.   I. *Zeunert*

St+H-Strassenbahn
Gmunden

3,5 Millionen Euro wurden im
Vorjahr in Gmunden in die Sanierung der Straßenbahngleise
der Kuferzeile gesteckt. Folge: Der
Lärm durch die vorbeifahrende
Straßenbahn hat sich verschlim-
mert. Etwa ein Jahr nach ersten
Anrainerbeschwerden liegt nun
eine Studie vor, die deren
Angaben bestätigt. Demnach ge-
be es eine überdurchschnittliche
Lärmbelästigung und eine große
Mehrbelastung. So überschreite
der Lärmpegel des Wagen GM
10 tagsüber die Durchschnitts-
werte um 14 dB, nachts sogar um
19 dB. Gründe für den Lärm und
die schlechte Dämpfung seien
die enorme Schallleistung der
Gleistragplatte und die für die
neue elastische Isolierschicht zu

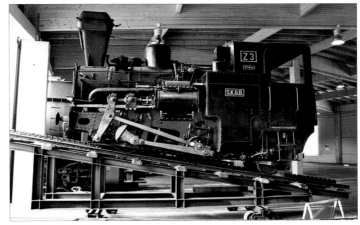

Strassenbahn Gmunden: *GM 9 in der Kuferzeile.*   Foto: Karl Weigl

Strassenbahn Gmunden: *Der auf einer Lore aus der Anfangszeit der Attergaubahn (VA) später aufgebaute Motorturmwagen von Gmunden-Vorchdorf (GV) mit der Betr.Nr. Gv-x-23 641 wurde der Tram Gmunden übereignet und dort mit der Betr.Nr. X 2 641 bezeichnet.*   Foto: Gerald Rumm

leichten Wagen. Die Schicht sei nämlich schon für neue Fahrzeuge ausgelegt.

Man könnte nicht sagen, dass es sich um eine Fehlplanung handelt. »Die Ergebnisse derartiger Sanierungen seien nicht vorherzusagen. So würden gleiche Arbeiten an verschiedenen Stellen immer andere Resultate bringen«, schildert der Bürgermeister die Situation. Die Bewohner der Kuferzeile fordern nun konkrete Maßnahmen. Der technische Sachverständige schlug mehrere (teilweise kostenintensive) Maßnahmen vor: Trennung der Gleisträger in mehrere Sektoren (mittels Aufgrabungsarbeiten), die Erhöhung der Gleiskörpermasse, einen Umbau des GM 10 Wagenfahrgestells auf Gummifederung oder das Abschleifen der Schienen (würde kurzfristig zu einer dreissigprozentigen Lärmreduktion führen). Über die Kosten und zeitliche Perspektiven könne man noch nichts sagen. Man suche bereits eine Firma um Kostenvoranschläge einzuholen. Auch die Option der Gummifederung käme in Betracht. Doch diese würde bis zu einem Viertel des Wagenwertes betragen. »Zudem gibt es keine weiteren Maßnahmen zur geplanten Verlängerung der Strassenbahnstrecke, bis das Kuferzeile-Problem gelöst ist«, so Bürgermeister Heinz Köppl.

                    Karl Weigl

ÖBB-Mariazellerbahn

Wegen Oberbau- und Fahrleitungsschäden kam es in letzter Zeit mehrmals zu Langsamfahrstellen oder gar Verkehrsunterbrechungen.

Bei den Triebfahrzeugen sieht es

ÖBB-Mariazellerbahn: 1099.001 am 15.8.2006 in Laubenbachsmühle.   Foto: Dr. Stefen Lueginger

nicht besser aus. Von den völlig überalterten Elloks Reihe 1099 sind ständig mehrere Maschinen wegen fälliger Reparaturen nicht betriebsfähig, was auch für die Dieseltriebwagen Reihe 5090 zutrifft, die für diese Hochgebirgsbahn ohnehin völlig ungeeignet sind.

Die Misere bei den Elloks per Januar 2006:
Im Einsatz 1099 004, 1099 007, 1099 010, 1099 011 und 1099 013.
In Reparutur: 1099 002 und 1099 008.
Schadhaft nicht einsatzfähig: 1099 001, 1099 014 und 1099 016.
Abgestellt: 1099 003, 1099 005, 1099 006, 1099 009 und 1099 012

2008 läuft der zwischen den ÖBB und der Niederösterreichischen Verkehrsorganisation (NÖVOG) geschlossene Dienstleistungsvertrag aus. Was danach mit der Mariazellerbahn geschieht, ist völlig offen. Bemühungen, eine eigene Betriebsgesellschaft zu gründen, haben trotz jahrelanger Verhandlungen bislang zu keinem Erfolg geführt.

Pinzgauer Lokalbahn

Die Dampflok 399.01 der ÖBB-Nostalgie-Abteilung steht nun wieder auf der Pinzgauer Lokalbahn vor den beliebten Dampfzügen im Streckenabschnitt Zell am See-Mittersill im Einsatz, nachdem sie im vergangenen Jahr in Meiningen (D) einer Hauptuntersuchung unterzogen wurde und zuerst im Sommer 2005 einige Zeit auf der Waldviertelbahn verkehrte. Am 21.7.2006 zog sie u.a. auch einen Sonderzug für eine Gruppe von Eisenbahnfreunden aus den USA, Bermuda und aus Europa.

Dr. Markus Strässle

Waldviertler Schmalspurbahnen

Dampflok 399.03 erhielt 2005 in der Werkstätte Waidhofen einen neuen Kessel (Hersteller Fa. Tschuda, Graz). Auch wurden weitere Reparaturen durchgeführt. Die Lok ist mit Beginn der Touristensaison 2006 wieder im Einsatz.

ÖBB-Ybbstalbahn

Am 7. und 8.8.2006 wurde der Bahnkörper durch Überschwemmungen an mehreren Stellen beschädigt. Ab 9.8.2006 konnte bereits wieder zwischen Waidhofen und Opponitz gefahren werden. Der Streckenteil von Opponitz bis Lunz am See blieb gesperrt. Derzeit werden umfangreiche

ÖBB-Mariazellerbahn: *ET 4090 003 am 15.8.2006 in Winterbach.*

ÖBB-Marizellerbahn: *VT 5090 004 am 13.7.2003 beim Kerlsteintunnel.*

ÖBB-Pinzgauer Lb.: *VT 5090 001 rot lackiert.   Fotos (3): Dr. Stefan Lueginger*

Reparaturen durchgeführt, mit denen man gleichzeitig andere Streckensanierungen vornimmt.
Dr. Markus Strässle

Salzburg AG Salzkammergutbergbahn GmbH (SKGB)

Am 28.4.2006 erfolgte im Zahnradbahn-Talbahnhof St. Wolfgang die Übergabe der Schafbergbahn und der Wolfgangsee-Schiffahrt von der ÖBB an die Salzburg AG.
Zum Eisatz kommen die vier Neubau-Zahnraddampfloks Z 11-14 mit Ölfeuerung und die sechs jeweils paarweise gekuppelten neueren Vorstellwagen. Die alten Zahnraddampfloks mit Kohlefeuerung Z 3 und Z 5 werden vor zuschlagpflichtigen Nostalgiezügen eingesetzt. Die beiden Dieseltriebwagen (VTZ 21+22) werden als Reserve vorgehalten.
Von der Niederösterreichischen Schneebergbahn wurde die Zahnraddampflok Z 1 (ex ÖBB-Schafbergbahn 999.101; Krauss/ Linz 1893/2744) zurückgekauft. Sie wird eine Hauptuntersuchung erhalten und ab 2008 wieder den Schafberg hinauffahren.
Dr. Markus Strässle

STLB-Murtalbahn

In Murau und Unzmarkt wurden Umladeinrichtungen für Heizöltransporte gebaut.
Gelegentlich kommt es zu Einsätzen der Diesellok VL 7 (Gmeinder 1940/3143) im Bahnhofsverschub in Murau oder vor kurzen Sonderzügen.
Am 27.7.2006 verkehrte ein privater Photosonderzug aus VL 7 + G 165 + F 954 + Ci 64 von

ÖBB-Ybbstalbahn: *598.02 am 16.8.2006 vor einem planmässigen Holzzug.* *Fotos (2): Dr. Stefan Lueginger*

ÖBB-Ybbstalbahn: *2095 007, 2095 005 und 5090 013 am 15.8.2006 im Heizhausgelände in Waidhofen an der Ybbs*

Pinzgauer Lb.: 398.01 am 17.8.2006 in Mittersill.   Foto: I. Zeunert

ÖBB-Ybbstalbahn: VT 5090 012 am 15.8.2006 in der Werksttatt Waidhofen.

ÖBB-Ybbstalbahn: 2096 007 rangiert am 16.8.2006 in Waidhofen .

Fotos (2): Dr. Stefan Lueginger

Murau nach St. Lorenzen und zurück, zu welchem der Verfasser dieser Zeilen einige Freunde und Bekannte einladen konnte.

Am 13.8.2006 organisierten die Steiermärkischen Landesbahnen in Murau einen »Tag der offenen Tür« und ein Bahnhoffest mit Fahrzeugschau, Verpflegungsmöglichkeit vom Grill am Bahnsteig und einigen weiteren Attraktionen. Ausgestellt waren u.a. die Dampfloks U 40 und STAINZ 2, die Diesellok VL 7 und VL 12 und eine Triebwagengarnitur sowie einigen Wagen. Für das Publikum fanden mehrere (kostenlose) Pendelfahrten mit der Diesellok VL 7 und den beiden Personenwagen Ci 63 und Ci 64 nach Murau West und retour statt. Als weitere Attraktion traf am Mittag ein Sonderzug des Club 760 mit den beiden Lokomotiven SKGLB 12 und STLB 6 THÖRL in Murau ein, der anschliessend nach Frojach zum Schmalspur-Museum weiterfuhr. Anlässlich des Bahnhoffests in Murau wurde erstmals die in den letzten drei Jahren schrittweise auf privater Basis restaurierte Schienen - Motorrad - Draisine PUCH 125 ccm im Betrieb vorgestellt. Dieses Fahrzeug war in den 1930er Jahren für die Feistritztalbahn gebaut worden und diente damals dem Bahnmeister für Streckeninspektionen und Besuche auf Gleisbaustellen. In den 1960er Jahren wurde das Fahrzeug in Weiz abgestellt. Zu Beginn der 1970er Jahre wurde das urige Gefährt dann den Kärntner Museumsbahnen für deren Gurktalbahn überlassen und in Treibach, später in Pöckstein hinterstellt. Im Herbst 2003 konnte das »Schienen-Moperl« vom Verfasser erworben und nach Murau überstellt werden, wo es nun eine neue Heimat gefunden hat. Die Aufarbeitung des relativ desolaten Gefährts stellte sich als relativ aufwändig heraus, doch hat sich die Mühe aller Beteiligten letztlich gelohnt, wie man am ersten Einsatztag im Murtal erleben konnte.

Dr. Markus Strässle

Club 760

Beim Club 760 im Murtal wurden in den letzten Monaten etliche Wagen einer gründlichen Aufarbeitung unterzogen oder schon vor geraumer Zeit begonnene Revisionsarbeiten fertiggestellt. Die schon 2005 begonnene Aufarbeitung des früheren STLB-Güterwagens G 4012 ex Kapfenberg mit Erneuerung des Holzaufbaus und Neulackierung konnte bereits im Frühjahr abgeschlossen werden. Im Sommer folgten dann der frühere Postwagen F 91 und der Kesselwagen Z 612 (beide ex Murtalbahn) sowie der frühere ÖBB-Dienstwagen D/s 6550, welcher von der Pinzgauer Lokalbahn übernommen wurde. Letzterer wurde nun im hellgrünen Farbton der übrigen Club 760-Fahrzeuge lackiert und soll die neue Nummer D 86 erhalten. Bei den STLB existierte früher bereits ein Di 86 als Dienstwagen auf der Thörlerbahn, der bereits vor Jahren an die ÖGLB nach Hirschwang verkauft worden war. Bei der Neulackierung der genannten Wagen wurden die aktiven Vereinsmitglieder durch einige Profis der Tschechischen Fachwerkstätte Kronstadt unterstützt, welche einige Tage »Aktivferien« im Lungau verbracht haben. Ebenfalls fertiggestellt und der

SKGB: *Z 14 im Talbahnhof St. Wolfgang.*   Foto: Dr. Stefan Lueginger

SKGB: *Loks Z 6 + Z 11 am 21.7.2006 auf der Schafbergspitze.*

SKGB: *VT 22 am 24.7.2006 in St. Wolfgang.*   Fotos (2): Dr. Markus Strässle

Murtal:
Die in Privatbesitz befindliche Diesellok VL 7 mit GmPost G 165, F 954 sowie G 64 am 27.7.2006 als Sonderzug bei Kaindorf.
Foto: Dr. Markus Strässle

behördlichen Zulassung zugeführt wurden die beiden dreiachsigen Sommerwagen B3 45 und 46 (mit Klose-Lenkachsuntergestell; ex SGA B 145 und 146).
Dr. Markus Strässle

Murtal

Mitte:
Das in Privatbesitz befindliche Schienenmotorrad PUCH 125 ccm war nach Neuaufarbeitung am 13.8.2006 zum ersten Mal wieder im Murtal gefahren.
Foto: Dr. Markus Strässle

Unten:
Der Club 760 hat den Gepäckwagen D 86 (ex ÖBB D 4550) sorgfältig restauriert und zeigte ihn am 13.8.2006 den interessierten Schmalspurbahnfreunden.
Foto: Dr. Markus Strässle

ZB: *Diesellok D 13 am 4.8.2006 in Jenbach*   *.Foto: Dr. Stefan Lueginger*

Zillertaler Verkehrsbetriebe - Zillertalbahn (ZB)

Gmeinder-Dieselloks

Bei der Fa. Gmeinder Lokomotivenfabrik GmbH in Mosbach (D) wurden zwei weitere Diesellokomotiven, baugleich zu D13 und D14 vom Typ LUPO bestellt.

Die neuen Niederflursteuerwagen

Nach einer europaweiten Interessentensuche fiel die Entscheidung nach eingehender Prüfung der Angebote zugunsten der slowakischen Firma ZOS Vrútky. Diese Firma wird also die Wagen bauen. Entworfen und konstruiert werden die Fahrzeuge jedoch in Jenbach und zwar durch die Fa. Molinari Engineering GmbH. Die neue Fahrzeuggeneration bedeutet einen großen Sprung in Sachen Fahrgastkomfort: Alle Wagen verfügen über Niederflureinstieg sowie Klimaanlage und sind kompatibel zu den vorhandenen Triebwagen und lokbespannten Personenzügen.

Der in der Fahrzeugmitte liegende Niederflureinstieg mit breiten Doppelschwenkschiebetüren ermöglicht einen einfachen und raschen Fahrgastwechsel. Im Eingangsbereich können Fahrräder und Kinderwagen abgestellt und gesichert werden. Weiters gibt es einen großzügigen Bereich für Rollstuhlfahrer. Die Wagen sind behindertengerecht (auch für seh- und hörbehinderte Mitmenschen) ausgeführt und verfügen an allen Einstiegen über eine klappbare Rampe.

Die ersten Fahrzeuge werden ab Herbst 2006 ausgeliefert. Die gesamte Armada der neuen Generation wird ab Fahrplanwechsel 2007/2008 im Einsatz sein.

Vorläufige technische Daten

Steuerwagen: 3 Stück
Spurweite: 760 mm
Länge über Kupplung: 18500 mm
Länge des Wagenkastens: 17748 mm
Drehgestell Mittenabstand: 11500 mm
Höhe Niederflurbereich: 385 mm SOK
Höhe Abteilbereich: 830 mm SOK
Höhe: Wagonkastenhöhe 3700 mm
Breite: 2650 mm
Anzahl Sitzplätze: 57, davon 9 Klappsitze
Stehplätze: 60
Leergewicht: ca. 22 t
Mittelwagen: 5 Stück

ZB: *So sollen die neuen Niederflursteuerwagen aussehen.*   *Abbildungen (4): ZB/pr.*

ZB: *Der nach Unfall wieder aufgebaute Steuerwagen VS 4 mit Lackierung im neuen ZB-Design.*

ZB: *Steuerpult des VS 4.*

ZB: *Neu gestalterter Innenraum des VS 4.*

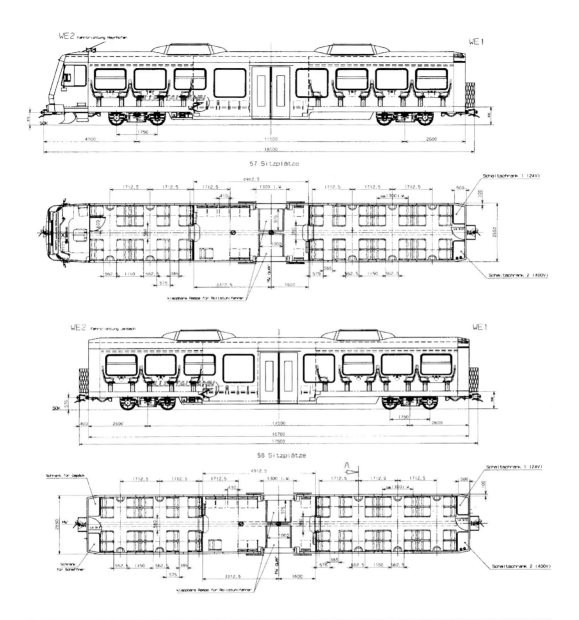

ZB: *Typenskizze der neuen Niederflur-Steuerwagen und -Mittelwagen*   *Zeichnungen: ZB/pr..*

Spurweite: 760 mm
Länge über Kupplung: 17500 mm
Länge des Wagenkastens: 16700 mm
Drehgestell Mittenabstand: 11500 mm
Höhe Niederflurbereich: 385 mm SOK
Höhe Abteilbereich: 830 mm SOK
Höhe: Wagonkastenhöhe 3700 mm
Breite: 2650 mm
Anzahl Sitzplätze: 58, davon 9 Klappsitze
Stehplätze: 60

Leergewicht: ca. 21 t
Wiederaufbau VS 4
VS 4 (Wiederaufbau nach Zusammenstoß mit einem LKW) und VT 8 wurden im neuen Niederflurfahrzeugdesign der zukünftigen Neubaufahrzeuge in Dienst gestellt.
Kristallwagen
Das funkelnde Erlebnis im Dampfzug, der klimatisierte Kristallwagen, wurde im Zuge einer Hauptuntersuchung auch einer Generalsanierung un-

Zillertalbahn
Oben:
D 11, D 9 und D 12 (von links) am 4.8.2006 vor der Werkstatt in Jenbach.
Foto: Dr. Stefan Lueginger
Mitte:
VT 7 am 22.7.2006 in Mayrhofen.
Foto: Dr. Markus Strässle
Unten:
Verladung von Gleisbaumaschinen auf Rollwagen am 4.8.2006 in Jenbach. Foto: Dr. Stefan Lueginger

terzogen. Neben der General-überholung der Drehgestelle wurde der Wagen dabei innen und außen neu lackiert und mit einem neuen Fußboden versehen. Gänzlich neu sind die eleganten Sitzecken mit Bistrotischen, die nunmehr auch einen bequemen, weil Aufenthalt inmitten geschliffener Swarovski-Kristalle ermöglichen.

Der Kristallwagen wird nach wie vor täglich im regulären Dampfzugverband mitgeführt und kann von allen Fahrgästen ohne Aufzahlung besucht werden.

Rollwagen

Von der Pinzgauer Lokalbahn wurden die fünfzehn Rollwagen 951-965 (ex ÖBB) angemietet.

Neue Unterführung in Fügen

Für eine neue Zufahrt zur Fa. Binder wurde in Fügen nahe dem Rischbach eine eigene Strassenunterführung gebaut. Die Errichtung dieses Bauwerkes erfolgte im Zuge der Baumaßnahmen für die neue Einfahrt Fügen Süd in die B 169 Zillertaler Bundesstraße. Die anfallenden Gleisbauarbeiten für eine geringfügige Trassenänderung (Lage und Höhe) und den Ein- und Ausbau einer Hilfsbrücke haben die Mitarbeiter des ZB-Baudienstes fachgerecht durchgeführt.

ZB/pr.

Schmalspurbahnen in der Schweiz

Appenzeller Bahnen (AB)

Die vier Bahnen des Kantons Appenzell haben am 1.7.2006 ihrer Fusion per 1.1.2006 zugestimmt. Die neue Gesellschaft nennt sich »Appenzeller Bahnen«. Die Fahrzeuge werden zunächst äußerlich unverändert verkehren, wobei der jeweilige Bahnname mit dem Zusatz »Eine Linie der Appenzeller Bahnen« versehen wird.
Die Strecke Gossau-Herisau war wegen Sanierung von Unterbau, Oberbau und Fahrleitung vom 18.4. bis 12.5.2006 stillgelegt.

Regionalverkehr Bern-Solothurn (RBS)

Auf dem Bahnhofsvorplatz in Worb Dorf ist eine Wendeschleife für die Linie G gebaut worden.

Berner Oberlandbahn (BOB)

ABeh 4/4 310 wurde entsprechend den Triebwagen 305-308 umgebaut.

Nach Überholung sind die B 253 und 254 (ex Zentralbahn B 501 und 505) in Betrieb genommen worden.
Sämtliche einst von der SBB-Brünigbahn stammenden Mitteleinstiegwagen 1./2. und 2. Klasse wurden verschrottet.

Ferrovie Autolinee Regionali Ticinesi (FART)

Der ABe 8/8 »Vigezzo« (Schindler/TIBB Bj. 1959) ist nach Umbau als klimatisierter Aussichtstriebwagen in Betrieb genommen worden.

Matterhorn-Gotthard-Bahn (MGB)

Seit dem 20.5.2006 werden zwei Zugpaare des »Glacier-Express« mit den neuen APi-Wagen gefahren.
In Visp wurde der neue Mittelbahnsteig in Betrieb genommen, an dem aber nur Gleis 3 benutzt werden kann, weshalb die Züge im Dienstbahnhof Vispesand kreuzen.

Matterhorn-Gotthard-Bahn (MGB): »Glacier-Express« mit neuen Panoramawagen.   Foto: Klaus Himmelreich

Montreux-Berner Oberland-Bahn (MOB)

Tm 2/2 1, der wie eine Grubenlok aussieht, ging an die Chemin de fer touristique Blonay-Chamby (BC). Die kleine Lok wurde zum Rangieren in St. Stephan eingesetzt, wo sie ursprünglich einem dortigen Holzwerk gehörte.
Ein zweiter goldlackierter Pendelzug wurde aus den Niederflursteuerwagen Bt 244 und ABt 344 sowie dem in Zugmitte laufenden, führerstandlosen Triebwagen Be 4/4 5004 zusammengestellt.
B 202 wurde zum Bs 202 für den »Golden Classic« umgebaut.

Transport Public du Chablais (TPC)

Der alte AOMC-Streckenabschnitt von Aigle nach Ollon wurde am 18.9.2006 stillgelegt. Um die neue Streckenführung an das Schmalspurnetz anschliessen zu können, wurde auf der Gesamtstrecke der AOMC und der ASD-Teilstrecke Aigle - Aigle-Place du Marché bis 28.10.2006 Schienenersatzverkehr mit Autobussen gefahren.
Der völlig umgebaute Bahnhof in Aigle wurde am 29.10.2006 dem Betrieb übergeben.

Zentralbahn (ZB)

Ausser den zehn neuen ABe Reihe 130 SPATZ werden immer noch zwei von den vier De 4/4-Pendelzügen ex Brünigbahn bzw. ex LSE eingesetzt.
ABe 130 010 wurde auf den Namen »Brienzer Rothorn« getauft. Stadler lieferte den Niederflur-Gelenksteuerwagen ABt8 941. Zwei weitere Fahrzeuge werden

MGB: Alter Tm 2/2 noch immer im Einsatz.   Fotos (2): Klaus Himmelreich

MGB: Baustelle Bahnhof Visp im August 2006.

TPC: AOMC-Zug im Auust 2006 in Aigle während des Bahnhofumbaus.　　　　Foto: Klaus Himmelreich

folgen. Die neuen Steuerwagen sollen mit ABe 130 anstelle von 2x ABe 130 eingesetzt werden.

Tm 172 599-3 (ex SBB-Brünig-Tm III 599) erhielt eine Grundüberholung mit neuem Motor und eine zitronengelbe Lackierung.

Am Engelbergtunnel wurden die Bauarbeiten vorerst eingestellt, bis man herausgefunden hat, wie der durch neuerlichen Wassereinbruch beschädigte Tunnelabschnitt betriebssicher gebaut werden kann. Zu diesem Zweck wurde eine neue Bauprojektleitung eingesetzt. Mit Inbetriebnahme der neuen Strecke ist vermutlich nicht vor 2011 zu rechnen.

TPC: Triebwagen 93 und 23 der Bex-Villars-Bretaye-Bahn (BVB) im August 2006 in Bex.　　　Foto: Klaus Himmelreich

Rudolf L. Merz †

Völlig unerwartet ist **Herr Rudolf L. Merz** am 20.10.2006 im Alter von nur 72 Jahren gestorben.

Herr Merz war allen Eisenbahnfreunden weithin als »Loisl« bekannt. Unter diesem Pseudonym hat er ungezählte Eisenbahn-Aquarelle und Modellbahngleispläne entworfen. Viele Modellbahner verwenden auch MZZ-Anlagenhintergründe, die von ihm geschaffen worden sind.

Wir werden Herrn Merz als einen Mann mit sehr viel Charme und einem ungeheurem Fachwissen in Erinnerung behalten. Durch seinen geistreichen Humor war er überall ein gern gesehener Gesprächspartner. Er konnte sich voll und ganz für eine Sache engagieren, und seine Freunde konnten sich stets auf ihn verlassen.

Wir haben zwar bis zuletzt öfter miteinander telefoniert, aber es schmerzt uns sehr, dass wir einen erneuten Besuch bei ihm in der Schweiz immer wieder aus Alltagszwängen verschieben mussten. Nun ist es zu spät dafür.

Unser Mitgefühl gehört seiner Frau Elisabeth.

Ingrid und
Wolfgang Zeunert

Rhätische Bahn

aktuell

RhB-Triebfahrzeuge

Nachdem die Gmf 4/4 242–243 mit einer Magnetschienenbremse ausgerüstet worden sind, können sie auch auf der Berninabahn eingesetzt werden.

Die bislang in Poschiavo eingesetzten ABe 4/4 31 und 32 (rot lackiert) werden, wie bisher schon die ABe 4/41 30 und 34 (gelb lackiert), seit Sommer 2006 ebenfalls in Pontresina stationiert.

RhB Historic: Ge 2/2 161 (Bj. 1911; ex Berninabahn) erhielt eine Hauptuntersuchung.

RhB Historic: G 3/4 11 HEIDI wurde auf Ölfeuerung umgerüstet.

Reisezugwagen

Die Stirnwandübergänge der Aussichtswagen wurden mit Faltenbalgen gesichert.

Die Mitteleinstiegwagen A 1221, A 1222 und A 1252 wurden verschrottet.

A 1251 soll für den Einsatz in historischen Zügen erhalten bleiben.

RhB-Strecken

In Ilanz wurde die neunte RhB-Krananlage installiert, um Wechselbehälter, Wechselpritschen, Container u.a. bis 32 t umzuladen.

Der neue, 76 m lange Saastunnel (Strecke KüblisKlosters) wurde am 5.9.2006 für den Betrieb freigegeben.

Die nicht mehr zeitgemäße Gleisanlage des in Italien liegenden Berninabahn-Endbahnhof Tirano wird durch einen völligen Gleisneubau ersetzt. Der Bahnhof wird aus diesem Grund ab Mitte Januar 2007 für über zwei Monate stillgelegt. r.

Neuer Tm2/2 115 von SCHÖMA. Solche Traktoren werden die alten Tm2/2 ablösen. Foto: Klaus Himmelreich

Ellok Ge 2/2 162 nach Revision in Poschiavo.

Umbauellok Ge 2/4 212 im August 2006 in Landquart bei einem ihrer letzten Einsätze. Sie soll ausgemustert werden.   *Fotos (3): Klaus Himmelreich*

Zement-Container werden die Uce-Wagen (»Mohrenköpfe«) ersetzen.

Neue Panoramawagen für den »Glacier-Express«

Ab Sommersaison 2006 wurden vier neue Panoramawagen-Blockzüge für den »Glacier-Express«-Verkehr eingesetzt. Die vier Züge aus einheitlichem Rollmaterial bestehen aus 24 Fahrzeugen einer gemeinsamen Bestellung der beiden Partnerbahnen RhB und (Matterhorn-Gotthard-Bahn (MGB). Der Anteil der RhB umfasst zwei Züge der folgenden Zusammenstellung:

1 Api: Ein Erstklasswagen mit behindertengerechten Einrichtungen.

1 Ap: Ein Erstklasswagen.

1 WRp: Ein Servicewagen mit Frischküche und der Möglichkeit der Verpflegung eines ganzen Zuges und einer Bar.

3 Bpi: Drei Zweitklasswagen.

Das neue Produkt »Glacier-Express«hebt sich deutlich vom normalen Rollmaterial ab und bietet folgende Höhepunkte:.

- Neues, modernes Aussendesign.

- Attraktives, stilvolles Interieur mit komfortablem Sitzteiler und grösstmöglicher Fensterfläche.

- Grosse Laufruhe und niedriger Schallpegel durch den erstmaligen Einsatz von luftgefederten Drehgestellen.

- Gleichzeitige Streckenerklärung an jedem Sitzplatz über Kopfhörer mit individueller Vorwahlmöglichkeit in sechs Sprachen.

- Klappbare Tische an jedem Sitzplatz für einen gepflegten Service.

- Originelles Bistro im Servicewagen.

- 1. Klasswagen mit behindertengerechter Innenausstattung (exkl. Ausseneinstieg).

Die gemeinsame Fahrzeugbe-

Ge 4/4 III vor »Glacier–Express« mit neuen Panoramawagen.

Fotos (2): Klaus Himmelreich

stellung bei der Firma Stadler Altenrhein AG erfolgte nach intensiven Vorstudien im Dezember 2004. Nach einer gut zweieinhalbjährigen intensi-ven Entwicklungszeit verliessen nun die ersten Fahrzeuge die Produktionsstätten. Die Beschaffung der neuen Fahrzeuge für den »Glacier-Express« er-

Neuer Panoramawagen Api 1311 für den »Glacier.Express«

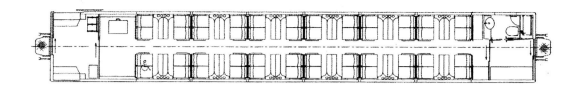

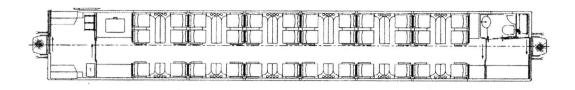

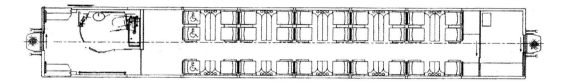

Innenraumaufteilungen der neuen Panoramawagen (von oben) 2. Klasse, 1. Klasse und 1. Klasse mit behindertenge-
rechter Ausstattung.
Zeichnungen/ RhB/pr.

wies sich als ein anspruchsvolles Projekt in noch nie da gewesener Komplexität und stellte für alle Beteiligten eine echte Herausforderung dar, die nur durch guten Teamgeist und stetige Kompromissbereitschaft bewältigt werden konnte. Dazu seien folgende Schwerpunkte erwähnt:
- Zusammenarbeit zweier Partner als gleichwertige Besteller (RhB, MGB).
- Berücksichtigung der sich stetig verschärfenden Vorschriften und Normen bezüglich der Sicherheit (Brandschutz, Rettungskonzept, usw.).
- Berücksichtigung der neuen Behinderten-Gesetzgebung, die mitten im Projektablauf rechtskräftig wurde
- Konsequente Leichtbauweise und professionelles Gewichtsmanagement zur Einhaltung des maximalen Zuggewichtes von 135t (ohne Lokomotive).
- Neuartige Projektfinanzierung über den Kapitalmarkt. *Leo Fäh/RhB/pr.*

Neue RhB-Servicewagen

Am 20.5.2006 wurden die neuen »Glacier-Express«-Kompositionen der Partnerbahnen MGB und RhB in Betrieb genommen. Jede Komposition besteht aus sechs Wagen, davon zwei Wagen erster und drei Wagen zweiter Klasse. Etwa in der Mitte jeder Komposition ist jeweils einer der Wagen WRp 3831-3834 eingereiht. Es handelt sich dabei allerdings nicht um Speisewagen, wie man anhand der Kennzeichnung meinen könnte, sondern um sogenannte Servicewagen. Im Gegensatz zu einem eigentlichen Speisewagen sind diese nicht mit einem Speisesaal-Abteil ausgerüstet. Die Verpflegung des Fahrgastes erfolgt an seinem Sitzplatz. Die Servicewagen sind Fahrzeuge, welche eine veritable Küche, sowie an einem Ende ein Bistroabteil mit Bar und am andern Ende ein kleines Dienstabteil für das Zugs- und Servicepersonal aufweisen. Das Design des Bistroabteils ist analog den »Glacier-Express«-Personenwagen mit unteren und oberen Panoramafenstern gehalten.

Die Servicewagen sind das eigentliche Herz und Hirn einer jeden »Glacier-Express«-Komposition. Sie stechen nämlich nicht nur mit ihrem besonderen Farbanstrich und dem angebrachten »Glacier-Express«-Logo hervor, sondern beherbergen zum einen mit dem Railvox-Master und dem Eingabebildschirm das elektronische Hirn des Kundeninformationssystems KIS und zum ande-

Servicewagen WRp 3831 für den »Glacier-Express«.   Foto: Klaus Himmelreich

ren mit der Küche das kulinarisch-gastronomische Herz jedes »Glacier-Express«-Zuges.

Das Verpflegungskonzept der neuen »Glacier-Express«-Kompositionen sieht vor, dass der Reisende an seinem Sitzplatz bedient und verpflegt wird. Und zwar, wie es bei der Rhätischen Bahn schon lange Tradition und Standard ist, und wie es sich für einen Premium-Class-Zug gehört, mit in der Küche des Servicewagen frisch zubereiteten Mahlzeiten. Normaler- und vorzugsweise tut der Reisende seine Menuwünsche bereits beim Kauf des Fahrscheines kund oder aber vor Reiseantritt via Internet per Mausklick. Natürlich kann auch im Zug ab Menukarte bestellt werden. An der Kopfwand jedes neuen »Glacier-Express«-Reisewagens befindet sich unterhalb der gelben Haltanforde-

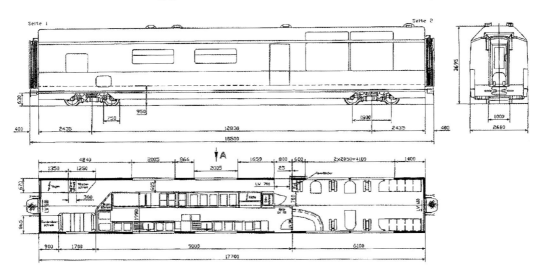

Typenskizze der »Glacier-Express«-Servicewagen.   Zeichnung: RhB/pr.

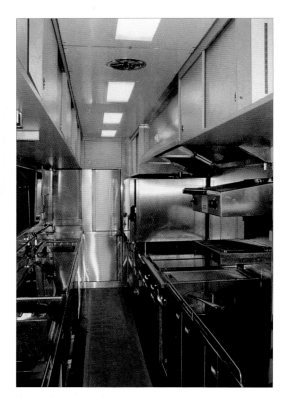

Die Küche im Servicewagen.

Anschliessend wird von hier aus auf- oder abgedeckt. Das Servieren der Mahlzeiten geschieht von der Küche aus auf Tabletts, welche durch das Servicepersonal zum Reisenden getragen werden. Aufgrund ihres Know-hows beim Umbau vor Speisewagen wurden die Küchen der neuer »Glacier-Express«-Servicewagen durch den RhB-Geschäftsbereich Rollmaterial konstruiert und gefertigt. Die Komponente Küche wurde durch Stadler Altenrhein bei der RhB im Sinne eines Unterlieferanten in Auftrag gegeben. Damit die bis zu 210 Reisenden einer »Glacier-Express«-Komposition kulinarisch mit Frischküche verwöhnt werden können, ist eine wohl durchdachte und mit allen notwendigen Geräten ausgerüstete Küche notwendig. Das Layout der Küche wurde in enger Zusammenarbeit mit dem Caterer RailGourmino swissAlps (RGsA) und in Anlehnung an die bestehenden RhB-Speisewagen entworfen und festgelegt. Die Küche beinhaltet auf einer Fläche von gerade mal 18 m² im Wesentlichen die in der Skizze auf der folgenden Seite aufgeführten Komponenten

Strenge Gewichtsvorgaben des Gesamtzuges bezüglich der Anhängelast im Allgemeinen sowie des Servicewagen bezüglich seiner maximalen möglichen Drehgestellbelastung im Besonderen führten dazu, dass die Küche leichter werden musste. Anlässlich der Startsitzung zu Beginn der Konstruktionsarbeiten der Küche wurde durch Stadler die Auflage gemacht, dass das projektierte Küchengewicht von damals rund 7500 kg auf mindestens 7000 kg reduziert werden muss.

Die maximal zulässige Drehgestellbelastung bei den Servicewagen hing somit wie ein Damokles-

rungstaste die blaue Service-Ruftaste, über welchen der Reisende das Servicepersonal in seinen Wagen rufen kann. Beim Drücken dieser Taste leuchtet im Servicewagen sowohl in der Küche als auch im Dienstabteil eine gelbe Lampe auf, und zusätzlich macht ein Gong auf den Fahrgastwunsch aufmerksam. Auf dem Eingabebildschirm in der Küche kann dann abgelesen werden, in welchem Wagen und zu welcher Zeit die Service-Ruftaste betätigt wurde.

Für das Auf- und Abdecken der Tische werden Bordtrolleys verwendet. Es handelt sich dabei um Trolleys aus Restbeständen einer Fluggesellschaft. Diese haben ihren Standplatz in den zwei Bordtrolleymöbeln im Bistroabteil, in welchen die acht Trolleys bei Nichtgebrauch parkiert werden.

Muss aufgedeckt werden, fährt das Servicepersonal mit einem Trolley gefüllt mit Tischdecken, Servietten, Menükarten, Besteck etc. in den entsprechenden Reisewagen und parkiert ihn in dem dafür vorgesehenen Trolleyparkplatzgestell. Jeder Personenwagen weist ein solches Möbel an einem der Wagenenden auf.

Das Bistor im Servicewagen.

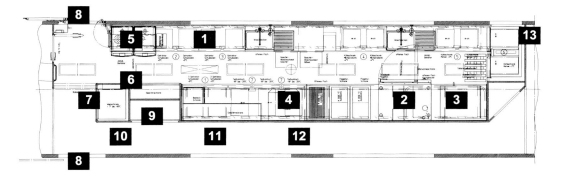

Plan der Küche vom Servicewagen

1) Küchenkombination mit diversen Kühlstellen, Spülbecken, Herdplatten, etc.
2) Kombisteamer MKN HansDampf SCE61
3) Umluftbackofen Blodgett CTB-1
4) Toaster Salamander Franke FR 1/1
5) Kaffeemaschinen Rex Royal S500 CST/MCST
6) Kombischrank mit Küchen-Bedienpanel
7) Mehrtemperatur-Weinschrank für 136 Flaschen, bahn-

tauglich umgebaut
8) Ladetüren für das Be- und Entladen der Küche
9) Apparateschrank AKR Küche
10) Wassertank 690 l (im Untergestell) mit Entkeimungsanlage
11) Küchentrafo (im Untergestell)
12) Kälteanlage für Plus- und Minuskühlen (im Untergestell)
13) Alarmierungssystem AUTOCALL Mobile (in Sitzkiste Dienstabteil)

schwert während der gesamten Konstruktions- und Engineeringphase über den Köpfen der RhB-Verantwortlichen. Sämtliche Baugruppen der Küche wurden einer rigorosen Diät unterzogen. Wo immer möglich, sinnvoll und machbar, hat man extreme Leichtbauweise betrieben, so wurde der Fussboden dünner, der Wassertank kleiner (statt der geplanten 1.200 Liter nur noch 690 Liter), die Wände hohler (Sandwichelemente statt massive Platten) usw.

Selbst der Produzent der Küchenkombination erhielt die Auflage, diese von offerierten 1980 kg auf mindestens 1600 kg zu reduzieren, eine Vorgabe, welche auch ihm etliches an Kopfzerbrechen bereitete.

Alle diese konstruktiven Massnahmen führten schliesslich dazu, dass die Zielvorgabe von 7000 kg erreicht und sogar noch um etwa 500 kg unterschritten wurde. Nach Abschluss der Konstruktionsphase schien die Schlankheitskur zumindest rechnerisch auf Erfolgskurs zu liegen.

Die während der Konstruktion errechneten Gewichte wurden alsdann während der Bauphase durch genaues tabellarisches Erfassen der Gewichte aller Komponenten vor dem Einbau laufend kontrolliert. Diese nicht unerheblichen Aufwendungen zahlten sich schliesslich aus, denn der Servicewagen ist nun mit einem gewogenen Leergewicht von 19.3 t insgesamt 1.000 kg leichter als ursprünglich

kalkuliert. Da zu diesem Gewicht noch die Komponenten Wasser, Geschirr, Lebensmittel etc. hinzugerechnet werden, wurde der Servicewagen mit einem Dienstgewicht (= Taragewicht) von 20,9 t angeschrieben.

Nach erfolgreich bestandener Abnahme der Küche durch das Amt für Lebensmittelsicherheit am 15.3.2006 erfolgte die technische Sicherheitsprüfung des Servicewagens durch das Bundesamt für Verkehr BAV am 20.4.2006.

Damit bei den geplanten RhB- und MGB-Mitarbeiter-Spargelfahrten vom 6. und 7. Mai 2006 gastronomisch nichts schief ginge, wurde beschlossen, dem Caterer anlässlich einer Extrafahrt die Gelegenheit zu bieten, die Küche vorher unter »Real Time«-Bedingungen zu testen. Unter dem Motto »Kitchen Warming« (für alle die noch deutsch können: »Küchen-Einweihung«) wurden alle am Projekt beteiligten Mitarbeiter von Stadler, MGB und RhB eingeladen, auf einer Extrafahrt von Chur nach Andermatt und zurück für einen Tag zu entspannen und sich kulinarisch verwöhnen zu lassen.

Diese Fahrt war küchentechnisch ein voller Erfolg und die »kulinarischen« Rückmeldungen durchwegs positiv. Das Küchen- und Servicepersonal konnte sich mit den neuen Fahrzeugen und dem neuen Verpflegungskonzept bekannt machen und ist bereit für die neue »Glacier-Express«-Saison. En guata! *David Wiegratz/RhB/pr.*

Kranwagen mit teilweise ausgefahrenem Kran.

Kipper auf dem Kranwagen.

Fotos (2): RhB/pr.

Zwei neue Kranwagen

Der Geschäftsbereich Infrastruktur ist für das Heben von mittleren bis grossen Lasten auf Krangeräte mit ausreichendem Hubmoment angewiesen. Bis vor kurzem wurden die entsprechenden Geräte jeweils für teures Geld von Dritten eingemietet oder die Kranarbeiten an Dritte vergeben. Um bei künftigen Kranarbeiten unabhängig zu sein hat sich der Geschäftsbereich Infrastruktur entschlossen, zwei eigene Kranwagen zu beschaffen. Aufgrund eines von Infrastruktur erstellten Anforderungsprofils wurde im Februar 2004 ein Vorprojekt, welches die zu erwartenden Kosten aufzeigte, erarbeitet. Im Herbst 2004 wurden die Fahrzeuge dann beim GB Rollmaterial in Auftrag gegeben. Konstruktion und Bau der Kranwagen erfolgten vollumfänglich im Geschäftsbereich Rollmaterial. Wichtige Elemente der Untergestelle sind z.B. Kopfstücke, Schemel- und Langträger. In diesen Bereichen wurden bereits bestehende, bewährte Lösungen übernommen und teilweise weiter entwickelt. Mit dem Einbau von Drehgestellen des

Typs JMR 77 wurde die Bruttomasse der Fahrzeuge auf max. 48 t begrenzt. Die zweistufige, automatische Vakuumbremse und die Feststellbremse wurden ebenfalls auf die max. Bruttomasse ausgelegt. Bei der Auslegung der Bremsanlage mussten ein maximales Gefälle von 70 ‰ und eine Höchstgeschwindigkeit von 80 km/h berücksichtigt werden.

Die Hauptelemente der Fahrzeuge sind die moderne Krananlage und der Zweiseitenkipper, welche wahlweise über die Funkfernbedienung oder über den Steuerstand seitlich am Wagen gesteuert werden können. Beide Geräte werden von einem zentralen Diesel-Hydraulikaggregat angetrieben. Den Vorschriften entsprechend ist das Antriebsaggregat mit einer Partikelfilteranlage ausgerüstet. Bei Ausfall des Hydraulikantriebs können Kran und Kipper mittels Handpumpe in Transportstellung gefahren werden.

Auf die Arbeitssicherheit wurde besonders geachtet. So ist die Krananlage mit Höhenbegrenzung,

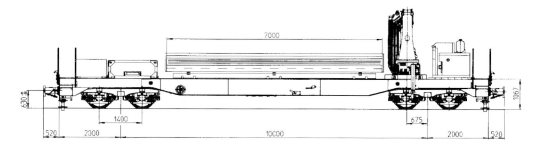

Typenskizze vom Kranwagen.

Zeichnung: RhB/pr.

Herbst 2006 in der Engadinstrasse in Chur. Im Hindergrund ist der Bahnhof zu sehen.   Foto/RhB/pr

Gegengleissperre und Überlastschutz ausgerüstet. Zudem wurden an beiden Stirnseiten der Wagen breite Übergangsplattformen mit Aufstiegen und Geländern angeordnet.

Der Nachweis für die Betriebssicherheit der Kranwagen wurde mit Festigkeitsberechnungen, Bremsberechnungen und -versuchen sowie Standsicherheitsberechnungen und -versuchen erbracht. Die technisch betriebliche Sicherheitprüfung, die Typenzulassung und die damit verbundene Erteilung der Betriebsbewilligung durch das Bundesamt für Verkehr folgte im Februar 2006.

Seit Beginn der Bausaison 2006 werden beide Kranwagen auf dem ganzen Netz der Rhätischen Bahn eingesetzt. Auch Einsätze bei anderen Schmalspurbahnen sind denkbar.

Technische Hauptdaten

Geschwindigkeit: leer min. 80 km/h,
beladen: 60 km/h
Spurweite: 1000 mm
Kurvenradius min.: 40m
Streckenneigung max.: 70 ‰
Länge über Puffer: 15.040 mm
Breite über alles: 2.700 mm

Pufferhöhe ab SOK (unter Tara, neue Räder):
630 mm +10/-30 mm
Drehgestell-Mittenabstand: 10.000 mm
Drehgestell-Radstand: 1.400 mm
Raddurchmesser: neu: 750 mm, abgenützt: 682 mm
Leermasse: 27,0 t
Lademasse: 21,0 t
Bruttomasse: 48,0 t
Bremse: Vakuum, zweistufig
Zweiseitenkipper »Marie«: 17,5 m2/9 m^3
Hydraulikkran:
»Palfinger PI 20002 D«, funkferngesteuert
max. Reichweite: 14.700 mm
Maximale Hubkräfte (Abstützungen voll ausgefahren):
4,2 m/4.010 kg - 6,2 m/2.550 kg - 8,2 m/1.820 kg
10,4 m/420 kg - 12,5 m/310 kg - 14,7 m/930 kg
Daniel Frei/RhB/pr.

RhB-Stadtstrecke in Chur

Die Sanierung bzw. die Verbesserung der Verkehrssituation Bahn-Strasse auf der Stadtstrecke Chur ist seit Jahrzehnten ein Anliegen der Rhätischen Bahn. Mit der Sistierung des Projekts »Unterirdische Einführung der Linie Chur-Arosa in den Bahnhof Chur« im Jahre 1996 durch den Bund war klar, dass die Chur-Arosabahn über weitere Jahrzehnte ab dem Bahnhofplatz über das Strassennetz der Stadt Chur nach Arosa fahren wird. Dieser (negative) Entscheid nach einer langen und intensiven Projektierungszeit brachte auch eine neue Ausgangssituation für die bereits laufenden Planungen und Projekte für den Ausbau des Bahnhofs Chur.

Die RhB hatte schon frühzeitig signalisiert, dass mit den vorgesehenen und notwendigen Ausbauten Bahnhof Chur im Allgemeinen und mit der Neugestaltung des Bahnhofplatzes im Besonderen auch die Verbesserung der Verkehrsverhältnisse auf der Stadtstrecke in das Gesamtprojekt mit einbezogen werden muss. Dabei standen zwei Teilprojekte im Vordergrund: Verbesserung der Verkehrsverhältnisse im Bereich der Engadinstrasse und Überlagerung der Stadtstrecke mit einer Verkehrssteuerung (Signalisationsanlagen). Das Primärziel war die Erhöhung der Verkehrssicherheit im engen Nebeneinander vom Strassen-/Bahnverkehr. Die zu realisierende Lösung hat allen Verkehrsteilnehmern Vorteile, zumindest keine Nachteile zu bringen. Die seit Jahren fällige Erneuerung des sanierungsbedürftigen Gleises hat als weitere Zielsetzung die spürbare Reduktion der Erschütterungsimmissionen auf die Nachbarschaft.

Das vorliegende Projekt Engadinstrasse wurde in enger Zusammenarbeit mit dem Tiefbauamt der Stadt Chur erarbeitet. Als Projektrandbedingungen wurden unter anderem vereinbart und festgelegt:
- Respektierung des heutigen Strassenraums.
- Strassenverkehr auch zukünftig ohne Einschränkung in beiden Richtungen.

Der verfügbare Strassenraum ermöglichte keine Lösung mit einer von der Strasse oder Fahrspuren unabhängigen Führung des Bahngleises. So haben wir heute als realisierbare Bestvariante eine zweigleisige Bahnführung in der Engadinstrasse. Dies ermöglicht die Einführung des Richtungsbetriebs für Bahn und Strasse. Das heisst nichts anderes, als dass die Bahn und der Strassenverkehr in derselben Fahrrichtung die gleiche Fahrspur beanspruchen. Damit gehören die gegenseitigen systematischen Behinderungen im Gegenverkehr der Vergangenheit an.

Da die Chur-Arosabahn kein Tram ist (Zuglängen bis 200 m) und die Strassenlängen zwischen den neuralgischen Verkehrspunkten Bahnhofplatz, Kreisel Gäuggelistrasse und Einmündung Grabenstrasse relativ kurz sind, wird das bestehende Betriebskonzept trotz zweigleisiger Anlage beibehalten. Die Züge der Chur-Arosabahn kreuzen auch in Zukunft nur auf der Kreuzungsstelle Chur Sand und auf dem Bahnhofplatz. Bahnbetrieblich ist die Stadtstrecke Chur auch nach dem zweigleisigen Ausbau eine Einspurstrecke.

Leo Hirschbühl/RhB/pr.

Neubau vom Farbtobelviadukt

Die Linie Chur-Arosa der Rhätischen Bahn ist eine ausgesprochene Gebirgsbahn. Sie ist 26 km lang und überwindet eine Höhendifferenz von 1,200 Meter. Die Bahnlinie wurde zwischen 1912 und 1914 in sehr kurzer Zeit gebaut und in Betrieb genommen. Das Bahntrassee liegt auf den ersten 18 km bis nach Langwies in einem aktiven Rutschgebiet.

Der Farbtobelviadukt befindet sich knapp oberhalb der Station Peist. Das Bauwerk überquert das

Baustelle Farbtobelviadukt. Foto: RhB/pr.

Am 15.11.2005 fuhr der erste RhB-Zug über den neuen Farbtobelviadukt. Foto: RhB/pr.

Farbtobel, ein Seitental des Schanfiggs, in einer engen Rechtskurve mit Radius 65 m etwa 20 m über Grund.

Die rechte Talflanke des Farbtobels ist instabil. Sie bewegt sich mit einer mittleren Geschwindigkeit von 1-2 cm pro Jahr in Richtung der Falllinie des Abhanges. Die Gleitfläche befindet sich auf der Felsoberfläche und tritt an der Bachsohle zu Tage. Die Mächtigkeit der Rutschmasse nimmt hangaufwärts rasch zu und beträgt am Widerlager Chur bereits über 10 m. Sie besteht aus Gehängelehm und Terrassenschotter. Die Rutschungen werden durch die Tiefenerosion des Farbtobelbaches verursacht.

Der alte Farbtobelviadukt war stark beschädigt. Die Pfeiler, Gewölbe und Seitenmauern wiesen bis 2 cm breite Risse auf. Die Verformungen und Aufstauchungen aus den Geländeverschiebungen waren gut sichtbar. Das Bauwerk verschob sich im Bereich WL Chur bis Pfeiler P2 talwärts und längs gegen Arosa, wurde im Bereich der Pfeiler P4 und P5 gegen die Kurvenaussenseite gedrückt und in Längsrichtung am Widerlager Arosa aufgestaucht. Eine Instandsetzung des durch die Hangverschiebungen stark beschädigten Tragwerks war nicht sinnvoll. Der neue Farbtobelviadukt besteht aus einem Durchlaufträger über drei Felder mit Spannweiten von 20 m/25 m/20 m. Der Brückenträger wurde als Plattenbalken mit einer konstanten Querschnittshöhe von 1.10 m in Spannbeton hergestellt. Der Träger ist entsprechend der Gleisgeometrie gekrümmt. Für die beiden Zwischenauflager wurden Pendelstützen von 85 cm Durchmesser hergestellt.

Das Brückensystem ist so gelagert, dass die auftretenden Geländeverschiebungen ohne Beschädigung aufgenommen werden können. Die Brücke ist in horizontaler Richtung an beiden Widerlagern an einem frei drehbaren Stahldorn fixiert. Verschiebungen des Widerlagers Peist führen dabei zu einer Verdrehung des Brückenträgers und zu einer Schiefstellung der beiden Pendelstützen. Letztere müssen bei übermässiger Schiefstellung mit Hilfe von hydraulischen Pressen wieder gerade gerichtet werden. Zu diesem Zweck ist der Pfeilerfuss mit einem Betonkragen und einem darunter liegenden Stahlstapel ausgerüstet. Diese spezielle Ausbildung der Pfeilerfüsse ermöglicht es dem Brückensystem, die Geländeverschiebungen ohne Beschädigungen aufzunehmen. Alle ca. 15 bis 20 Jahre können die Verschiebungen und Setzungen durch Höhen- und Lagekorrekturen an den Fusspunkten der Pendelstützen ausgeglichen werden.

Die Baustelle ist abgelegen und nur per Bahn erreichbar. Sämtliche Materialtransporte wurden mit der Rhätischen Bahn durchgeführt. Die Abladevorgänge dauerten im Mittel etwa zwei Stunden und mussten in der Nachtbetriebspause bei ausgeschalteter Fahrleitung durchgeführt werden. Die Baustelle wurde wöchentlich mit zwei Materialzügen beschickt. Über die ganze Bauzeit gesehen wurden etwa 60 Bahntransporte mit einer Gesamttonnage von ca. 4.000 t durchgeführt.

Eine solche Baustelle kann nur mit einer flexiblen und leistungsfähigen Grundinstallation in der geforderten Zeit abgewickelt werden. Die Installation des Unternehmers beruhte auf einem leistungsfähigen Hebegerät in Form eines 80 mt-Turmdrehkrans mit 45 m langem Ausleger und einer Ortsbetonanlage. Die Betonanlage wurde mit dem fertigen Kiessandgemisch beliefert. Die erreichte

Neue Steinschlaggalerie Sassal. Foto: RhB/pr.

Betonierleistung betrug etwa 15 m³ pro Stunde, und das Materialdepot wurde auf eine Betonmenge von rund 100 m³ ausgelegt.

Die Herstellung des neuen Farbtobelviaduktes erfolgte in einer Bausaison von anfangs März bis Ende November 2005 unter vollständiger Aufrechterhaltung des Bahnbetriebes. Für die Herstellung des Brückenüberbaus wurden alle drei Felder eingerüstet, geschalt und bewehrt. Die Betonierung des Überbaus mit einer gesamten Betonmenge von 220 m³ erfolgte in der Nacht vom 13. auf den 14. September und dauerte total 18 Stunden. Während des Betoniervorgangs lieferte die Rhätische Bahn periodisch Betonzuschlagstoffe und Zement an. Nach diversen Fertigstellungsarbeiten, dem Gleisbau und der Montage der Fahrleitung konnte die neue Brücke am Morgen des 15.11.2005 dem Betrieb übergeben werden.

Technische Brückendaten

Länge: 70 m • Breite: 5 m • Spannweite: 25 m
Gleisradius: 65 m • Steigung: 24 ‰
Beton: 800 m³ • Bewehrungsstahl: 80 t
Vorspannkabel: 5 t • Schalung: 1.900 m²

Karl Baumann/RhB/pr.

Eine Gefahrenstelle ist verschwunden

Nach knapp einjähriger Bauzeit wurde die neue Steinschlaggalerie Sassal der Rhätischen Bahn am 19.12.2005 fertig gestellt und in Betrieb genommen. Auf einer Länge von etwa 40 Metern bestand ein grosses Steinschlagrisiko.

Die neue Galerie befindet sich eingangs des Schanfiggs, wo sich das Trassee der Arosabahn und die Strasse nach Meiersboden trennen. In diesem Bereich führt das Bahntrassee unmittelbar neben einer steilen, teilweise überhängenden Felswand vorbei. Bisher fielen hier jährlich mehrmals kleinere bis mittlere Blöcke bis 1 m³ Grösse auf das Trassee und führten schon oft zu Betriebsunterbrüchen der Arosabahn.

Die neue Schutzgalerie Sassal besteht aus einem einhüftigen Stahlbetonrahmen, der talseits auf Pendelstützen gelagert ist. Die Gesamtlänge des Bauwerks beträgt ca. 35 Meter. Die lichte Höhe wurde situationsbedingt wegen des Bahnübergangs unmittelbar vor dem Portal Seite Chur auf 6.20 m festgelegt. Die talseitigen Stahlstützen sind 35 cm dick.

Die kritischen Sichtverhältnisse beim bisher unbewachten Bahnübergang der kantonalen Verbindungsstrasse nach Meiersboden wurden durch den Bau der Galerie zusätzlich verschlechtert. Deshalb hat sich die Rhätische Bahn entschieden, den unbewachten Bahnübergang mit einer neuen Lichtsignalanlage zu sichern. Mit dieser Massnahme können die Sicherheit der Bahn und des Strassenverkehrs wesentlich verbessert werden. Die Gesamtkosten für die Steinschlaggalerie und die Lichtsignalanlage betragen ca. 2 Mio. Franken und werden zu 82 % von der Eidgenossenschaft und zu 18 % vom Kanton Graubünden finanziert.

Peider Härtli/RhB/pr.

Engadin Skimarathon

Der Engadin Skimarathon (ESM) erfordert jedes Jahr auch vom öffentlichen Verkehr Marathonleistungen. An diesem »Grosskampftag« ist praktisch jedes Rad der Rhätischen Bahn und vom Engadin Bus in Bewegung. Das Transportangebot wurde laufend den neuen Bedürfnissen angepasst und verbessert. So bot die RhB den Teilnehmern auch bei der diesjährigen Auflage die Gratis An- und Rückfahrt an.

»Ohne eine ausgeklügelte Logistik wäre die Durchführung des Engadin Skimarathons in der heutigen Dimension undenkbar«, beurteilt Claudio Chiogna, OK-Mitglied und Mediensprecher des ESM, die Bedeutung des öffentlichen Verkehrs rund um den ESM.

In der Tat konnte das Transportangebot dank enger und kooperativer Zusammenarbeit aller Beteiligten laufend optimiert werden. Gemäss einer von der HSG St. Gallen erstellten Wertschöpfungsstudie benützen etwa 70 Prozent der Marathon-Teilnehmer und -Besucher den öffentlichen Verkehr. Das ist ein eindrücklicher und wissenschaftlich abgestützter Beweis für die Leistungsfähigkeit von Bahn und Bus. Auch an diesem Marathontag lief die RhB mit 1.150 Ankünften in eineinhalb Stunden auf dem letzten Zacken. Praktisch sämtliche verfügbaren Ressourcen wurden eingesetzt, galt es doch, nebst diesem Grossanlass auch einen recht starken allgemeinen Verkehr zu bewältigen.

In Extrazügen ab Chur, Landquart, Davos und Zernez beförderte die Bündner Bahn innerhalb von knapp eineinhalb Stunden 4.150 Personen nach St. Moritz.

Seit 1999 profitieren die Teilnehmer und Zuschauer von der neuen Haltestelle S-chanf Marathon in Zielnähe. Mit den in den letzten Jahren mit Erfolg eingesetzten Check-in-Karten werden die Wettkämpfer bei der Effektenrückgabe über die Abfahrtszeit des gewünschten Zuges für die Rückfahrt informiert.

Rhätische Bahn/pr.

Unglaublich, diese Masse von Reisenden beim Engadin Skimarathon. Davon kann manche andere Schmalspurbahn nur träumen. Foto: RhB/pr.

Dirk Endisch

Baureihe 99.480

Sparsamkeit war das oberste Geschäftsprinzip der Kleinbahnen des Kreises Jerichow I (KJ I), die ein über 100 Kilometer langes Schmalspurnetz (750 mm Spurweite) zwischen Burg, Lübars, Gommern, Magdeburgerforth und Ziesar im Nordwesten Sachsen-Anhalts betrieben. Entsprechend bescheiden war auch der Fahrzeugpark der KJ I. Über Jahrzehnte hinweg bildeten kleine dreifachgekuppelte Nassdampf-Tenderloks das Rückgrat in der Zugförderung. Erst nach dem Ersten Weltkrieg sah sich die Betriebsleitung veranlasst, ihren Fahrzeugbestand um drei Dn2-Tenderloks aufzustocken. Obwohl der Lokpark ab Mitte der 1920er Jahre weiter hätte verstärkt werden müssen, verzichtete die Betriebsleitung darauf. Der Landkreis Jerichow I und die Kleinbahnabteilung des Provinzialverbandes begannen 1924 mit den Planungen für einen Umbau der Schmalspurbahn auf Regelspur.

Der Chef der Kleinbahnabteilung, Landesbaurat Sell, legte am 18. Februar 1927 eine entsprechende Denkschrift vor. Für den Umbau veranschlagte Sell ca. drei Jahre. Die Umspurung der KJ I sollte etwa 7 Millionen Reichsmark kosten. Etwa 1,8 Millionen Reichsmark wollte der Kreis Jerichow I übernehmen. Die restlichen 5,2 Millionen Reichsmark wollten zu je einem Drittel das Deutsche Reich, das Land Preußen und die Provinz übernehmen. Außerdem war die Umwandlung des bisher kreiseigenen Betriebes in eine Aktiengesellschaft geplant. Allerdings konnten sich Landkreis, Reich, Land und Provinz nicht über die Einzelheiten der Finanzierung einigen. Die 1929 einsetzende Weltwirtschaftskrise machte das Vorhaben schließlich völlig illusorisch.

Die Betriebsleitung der KJ I stand nun vor einem Dilemma. Die inzwischen teilweise über 20 Jahre alten Maschinen waren nicht nur verschlissen, sondern oft auch überlastet. Vor allem auf dem Dreischienengleis Loburg–Altengrabow gab es immer wieder Probleme in der Zugförderung. Ursächlich dafür waren die recht schweren Züge von und zum Truppenübungsplatz Altengrabow. Dabei erwies sich besonders die fehlende Druckluftbremse der

KJ I-Maschinen als Problem. Die Truppenzüge konnten nur mit Hilfe der Handbremsen der Güterwagen und der zwischen Lok und Zug gekuppelten Zwischenwagen gebremst werden. Die dafür benötigten Bremser trieben die Betriebskosten deutlich in die Höhe. Trotzdem fehlten der KJ I die finanziellen Mittel, um den Fahrzeugpark zu modernisieren. Außerdem war das Thema Umspurung noch immer nicht ganz vom Tisch. Um den Verkehr aufrechterhalten zu können, erwarben die KJ I zwischen 1926 und 1929 drei gebrauchte Dn2-Tenderloks, die aber erst zwischen 1930 und 1934 in Betrieb genommen wurden. Die nun insgesamt sechs Vierkuppler trugen ab 1930 die Hauptlast des Personen- und Güterverkehrs.

Mit dem allmählichen Ansteigen der Beförderungsleistungen ab 1934 brachte die Kreisverwaltung erneut den Umbau des Burger Schmalspurbahnnetzes auf Regelspur aufs Tapet. Allerdings fiel die Zustimmung für dieses Vorhaben jetzt deutlich verhaltener aus. Die zuständigen Stellen des Reiches und des Landes schlugen nun erstmals den Ausbau des Straßennetzes in der Region vor. Auch die KJ I setzen inzwischen auf den Kraftverkehr. So beschaffte das Unternehmen im Sommer 1934 zwei Mercedes-Omnibusse, die ab 16. August 1934 auf den Relationen Burg–Grabow–Magdeburgerforth–Ziesar und Ziesar–Altengrabow–Loburg einige Reisezüge ersetzten. Lediglich die Verwaltung des Truppenübungsplatzes setzte sich weiterhin mit Nachdruck für den Umbau ein, zumal mit der schrittweisen Verstärkung der Reichswehr (ab 16.3.1935: Wehrmacht) die Zahl der Züge auf dem Abschnitt Loburg–Altengrabow deutlich zunahm. Allerdings durften diese aufgrund der fehlenden durchgehenden Druckluftbremse nur mit 15 km/h verkehren, was immer mehr zu erheblichen Behinderungen im Betriebsablauf führte. Mit dem weiteren Anstieg des Verkehrsaufkommens – 1935 waren es 226.924 Fahrgäste und 221.700 Tonnen Güter – musste die Betriebsleitung der KJ I dringend handeln. Doch es vergingen fast zwei Jahre, bevor die endgültige Entscheidung zum Umbau des Burger Schmalspurnetzes getroffen wurde.

99 4802 im Juli 1991 in Putbus. *Alle Fotos zu diesem Beitrag stammen von Dirk Endisch*

Nachdem das Land Preußen und das Reichsverkehrsministerium dem Ausbau des Straßennetzes den Vorzug gaben, legten Provinz und Kreisverwaltung die Umspurung der KJ I 1936 endgültig zu den Akten. Der Landkreis bewilligte daraufhin der Betriebsleitung die notwendigen Mittel für eine kurzfristige Verstärkung des Fahrzeugparks.

Vor allem für den Güterverkehr und die Truppenzüge auf dem Dreischienengleis wurden dringend neue Dampfloks benötigt. Die Maschinen sollten in der Lage sein, die Züge zwischen Loburg und Altengrabow mit mindestens 30 km/h zu befördern und eine Druckluftbremse besitzen. Die zulässige Achsfahrmasse durfte mit Rücksicht auf den relativ leichten Oberbau der anderen Strecken 7,5 Tonnen nicht überschreiten. Mit der Entwicklung der neuen Maschinen beauftragte die Betriebsleitung der KJ I im Frühjahr 1937 die bekannte Lokomotivfabrik Henschel & Sohn GmbH in Kassel. Aufgrund der sehr speziellen Forderungen und der für eine Schmalspurlok relativ hohen indizierten Leistung von 320 PS konnten die Kasseler Ingenieure nicht auf ältere Konstruktionen zurückgreifen, sondern mussten eine völlig neue Type entwickeln. Um den großzügig dimensionierten Kessel ohne Überschreitung der zulässigen

Achsfahrmasse unterbringen zu können, entschieden sich die Konstrukteure für die bei Tenderloks ungewöhnliche Achsfolge 1´D. Warum sie jedoch im Interesse besserer Laufeigenschaften nicht die symmetrische Achsfolge 1´D1´ wählten, lässt sich heute nicht mehr ergründen. Wahrscheinlich scheiterte dies an den dann zwangsläufig höheren Herstellungskosten, die die KJ I jedoch auf ein Minimum beschränkt hatte.

Nach nur wenigen Monaten legten Henschel & Sohn Ende 1937 der Betriebsleitung die Entwürfe vor, die diese ohne nennenswerte Änderungen abnahm. Nachdem die KJ I Anfang 1938 zwei Exemplare der 1´Dh2t-Maschine bestellt hatte, begann im Spätsommer die Fertigung der als Nummer 20 und Nummer 21 vorgesehenen Maschinen. Bereits am 19. Oktober 1938 nahm der Kesselprüfer den Dampferzeuger der Nummer 20 ab. Gut drei Wochen später, am 9. November 1938, bestand auch der Kessel der Nummer 21 seine Druckprobe.

Schnell und schön

Zu diesem Zeitpunkt lief bereits die Endmontage der Nummer 20 in den Kasseler Werkhallen auf vollen Touren. Ende November 1938 übergab der Hersteller die Maschine mit der Fabrik-Nummer 24.367 an die KJ I. Einen Teil des Kaufpreises in Höhe

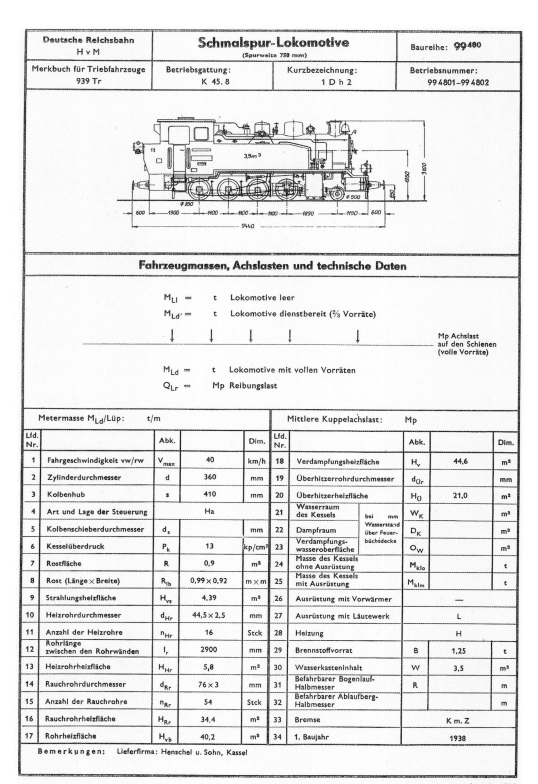

Fahrzeugmassen, Achslasten und technische Daten

$$M_{Ll} = \quad t \quad \text{Lokomotive leer}$$

$$M_{Ld'} = \quad t \quad \text{Lokomotive dienstbereit (}\tfrac{2}{3}\text{ Vorräte)}$$

$\downarrow \qquad \downarrow \qquad \downarrow \qquad \downarrow \qquad \downarrow$ Mp Achslast auf den Schienen (volle Vorräte)

$$M_{Ld} = \quad t \quad \text{Lokomotive mit vollen Vorräten}$$

$$Q_{Lr} = \quad Mp \quad \text{Reibungslast}$$

Metermasse M_{Ld}/Lüp: t/m   Mittlere Kuppelachslast: Mp

Lfd. Nr.		Abk.		Dim.	Lfd. Nr.		Abk.		Dim.
1	Fahrgeschwindigkeit vw/rw	V_{max}	40	km/h	18	Verdampfungsheizfläche	H_v	44,6	m²
2	Zylinderdurchmesser	d	360	mm	19	Überhitzerrohrdurchmesser	$d_{Ür}$		mm
3	Kolbenhub	s	410	mm	20	Überhitzerheizfläche	$H_Ü$	21,0	m²
4	Art und Lage der Steuerung		Ha		21	Wasserraum des Kessels	bei mm Wasserstand über Feuerbüchsdecke	W_K	m³
5	Kolbenschieberdurchmesser	d_s		mm	22	Dampfraum		D_K	m³
6	Kesselüberdruck	P_k	13	kp/cm²	23	Verdampfungs- wasseroberfläche		O_W	m²
7	Rostfläche	R	0,9	m²	24	Masse des Kessels ohne Ausrüstung		M_{klo}	t
8	Rost (Länge × Breite)	R_{lb}	0,99 × 0,92	m × m	25	Masse des Kessels mit Ausrüstung		M_{klm}	t
9	Strahlungsheizfläche	H_{vs}	4,39	m²	26	Ausrüstung mit Vorwärmer		—	
10	Heizrohrdurchmesser	d_{Hr}	44,5 × 2,5	mm	27	Ausrüstung mit Läutewerk		L	
11	Anzahl der Heizrohre	n_{Hr}	16	Stck	28	Heizung		H	
12	Rohrlänge zwischen den Rohrwänden	l_r	2900	mm	29	Brennstoffvorrat	B	1,25	t
13	Heizrohrheizfläche	H_{Hr}	5,8	m²	30	Wasserkasteninhalt	W	3,5	m³
14	Rauchrohrdurchmesser	d_{Rr}	76 × 3	mm	31	Befahrbarer Bogenlauf- Halbmesser	R		m
15	Anzahl der Rauchrohre	n_{Rr}	54	Stck	32	Befahrbarer Ablaufberg- Halbmesser			m
16	Rauchrohrheizfläche	H_{Rr}	34,4	m²	33	Bremse		K m. Z	
17	Rohrheizfläche	H_{vb}	40,2	m²	34	1. Baujahr		1938	

B e m e r k u n g e n : Lieferfirma: Henschel u. Sohn, Kassel

Ausgabe 1964

99 4801 am 20.5.2005 in Putbus.

von 40.400 Reichsmark steuerte die preußische Provinz Sachsen bei.

Bei den Eisenbahnern in Burg löste die Lok Staunen aus. Die ungewöhnliche Achsfolge, der schlanke Kessel mit seinem unverwechselbaren Krempen-Schornstein und die hinter der Schornsteinmitte angeordneten Zylinder gaben der Maschine ein markantes und elegantes Aussehen. Doch nicht nur das Äußere vermochte zu überzeugen. Mit einer indizierten Zugkraft von ca. 4,9 Mp und einer effektiven Leistung von etwa 225 PS war die Lok Nummer 20 den Nassdampfvierkupplern der KJ I deutlich überlegen. Diese brachten es lediglich auf ca. 3,6 Mp Zugkraft und 160 PS Leistung. In einem Punkt vermochte die Lok nicht zu überzeugen – den Laufeigenschaften. Der »Reichsbevollmächtige für die Bahnaufsicht« aus Hannover hielt die zulässige Höchstgeschwindigkeit von 45 km/h – damit waren die beiden Maschinen ab 1950 die schnellsten Schmalspurloks der Deutschen Reichsbahn für 750 mm Spurweite – für zu hoch, zumal die vordere Laufachse deutlich geringer belastet war als die vier Kuppelachsen. Erst nach der gründlichen Prüfung der Laufwerksberechnungen und einigen Probefahrten ließ er die Lok Nummer 20 für 45 km/h zu. Nachdem diese Schwierigkeiten besei-

tigt waren, absolvierte die Maschine schließlich am 12. Dezember 1938 ihre offizielle Abnahmefahrt auf dem Abschnitt Burg Kleinbahnhof–Burg Zerbster Tor und wieder zurück. Anschließend wurde sie umgehend im Plandienst eingesetzt.

Doch die Befürchtungen des »Reichsbevollmächtigten für die Bahnaufsicht« waren nicht unbegründet. Bereits nach wenigen Wochen beklagten die Lokführer die unbefriedigenden Laufeigenschaften der Maschine. Vor allem auf schlechtem Oberbau neigte die vordere Laufachse sehr leicht zum Aufklettern und Entgleisen.

Die Betriebsleitung forderte den Hersteller auf, dieses Problem umgehend zu beseitigen. Doch die Möglichkeiten dazu waren aufgrund der gewählten Sechspunktabstützung des Laufwerks nur sehr begrenzt. Infolge der notwendigen Änderungen an den Federn und Ausgleichhebeln verzögerte sich die Auslieferung der zweiten Maschine bis zum Frühjahr 1939. Dennoch konnte eine gleichmäßige Verteilung der Lasten auf alle fünf Achsen nicht erreicht werden. Erst am 5. April 1939 fand die Probefahrt der Nummer 21 zwischen Burg Kleinbahnhof und Burg Zerbster Tor statt.

Die Technik

Herzstück der Maschine war der für einen

Vergleich der Hauptabmessungen der 99 4801 und 99 4802

Betr.Nr	99 4801	99 4802
Bauart:	1´Dh2t	Dh2t
Höchstgeschwindigkeit km/h:	45	40
Zylinderdurchmesser mm:	360	360
Kolbenhub mm:	410	410
Gesamtachsstand mm:	5.200	3.300
Länge über Puffer mm:	9.440	8.620
Treibraddurchmesser mm:	850	850
Laufraddurchmesser mm:	500	-
Kesselüberdruck kp/cm^2:	13	13
Rostfläche m^2:	0,90	0,90
Strahlungsheizfläche m^2:	4,39	4,39
Anzahl der Heizrohre:	54	54
Rohrlänge zwi. den Rohrwänden mm:	2.900	2.900
Heizrohrheizfläche m^2:	34,4	34,4
Anzahl der Rauchrohrrohre:	16	16
Rauchrohrheizfläche m^2:	5,8	5,8
Verdampfungsheizfläche m^2:	44,6	44,6
Überhitzerheizfläche m^2:	21,0	21,0
Brennstoffvorrat t:	1,25	1,25
Wasserkasteninhalt m^3:	3,5	3,5
Fahrzeugmasse, leer t:	25,5	21,4
Fahrzeugmasse, mit vollen Vorräten t:	32,4	26,5
Reibungslast Mp;	29,0	k.A.

Betriebsdruck von 13 kp/cm^2 zugelassene Kessel. Der genietete Langkessel bestand aus zwei Schüssen und hatte einen Abstand zwischen den Rohrwänden von 2.900 mm. Der Dampfdom mit dem Nassdampf-Ventilregler der Bauart Schmidt & Wagner saß auf dem ersten Kesselschuss. Der Rohrspiegel setzte sich aus 16 Rauchrohren (Durchmesser 76x3 mm) und 54 Heizrohren (44,5x2,5 mm) zusammen. Dadurch ergab sich eine Rohrheizfläche von insgesamt 40,2 m^2. Der Überhitzer bestanden aus so genannten Bündelelementen, die in die 16 Rauchrohre eintauchten. Die Überhitzerheizfläche war mit 21 m^2 recht großzügig dimensioniert.

Die aus Kupfer gefertigte Feuerbüchse hatte eine obere Länge von 794 mm, eine untere Länge von 985 mm und eine Breite von 920 mm. Die gesamte Strahlungsheizfläche betrug damit 4,39 m^2. Der leicht nach vorne geneigte Rost war 0,99 m lang und 0,92 m breit. Der zwischen den Rahmenwangen liegende Aschkasten wurde mittels einer Bodenklappe geschlossen. Durch eine vordere und eine hintere Luftklappe gelangte die Verbrennungsluft zum Rost.

Die Rauchkammer wurde auf den Langkessel geschoben und mit diesem durch eine einfache Nietreihe verbunden. Eine gekümpelte Rauchkammertür mit Zentralverschluss verschloss die Rauchkammer luftdicht. Erst die Deutsche Reichsbahn (DR) rüstete die Rauchkammer mit fünf Vorreibern aus. Typisch für die Maschinen war der kleine Krempen-Schornstein. Ein Funkenfänger der Bauart Holzapfel und eine Spritze zum Nässen der Lösche vervollständigten die Ausrüstung der Rauchkammer.

Für die Kesselspeisung standen ab Anfang der 1980er Jahre zwei saugende Strahlpumpen der Bauart Strube (Förderleistung von 125 l/min) zur Verfügung. Die beiden Speiseventile saßen auf einem gemeinsamen Stutzen auf dem Kesselscheitel zwischen Dampfdom und Sandkasten. Zur Kesselausrüstung gehörten eine einfache Klappfeuertür,

99 4801 im Mai 1993 in Göhren. Es ist eine ebenso schöne wie elegante Lokomotive.

ein sichtbarer Wasserstand, zwei Prüfhähne (von der DR 1964 durch einen zweiten sichtbaren Wasserstand ersetzt), ein Dampfverteiler (im Führerhaus), ein Abschlammventil, ein Kesselmanometer, und zwei Sicherheitsventile der Bauart Coale.

Der geschweißte Blechrahmen gab während der gesamten Einsatzzeit keinen Anlass für Beanstandungen. Um den Wasservorrat der Loks zu vergrößern, war der vordere Teil des Rahmens als Wasserkasten ausgebildet.

Als nicht optimal erwies sich die Sechspunktabstützung des Laufwerks. Dabei waren die erste und zweite sowie die dritte und vierte Kuppelachse (Durchmesser 850 mm) durch Ausgleichhebel miteinander verbunden. Die Tragfedern der Kuppelachsen lagen unterhalb der Achslager. Die vordere Laufachse (Durchmesser 500 mm), die der Bauart Bissel entsprach, hatte hingegen oberhalb der Achslager angeordnete Tragfedern. Schraubenfedern brachten die vordere Laufachse nach einer Kurvenfahrt wieder in die Mittellage. Das Laufwerk erfuhr im Laufe der Jahre immer wieder Veränderungen. Ursprünglich waren die erste und dritte Kuppelachse fest im Rahmen gelagert. Sie bildeten einen festen Achsstand von 2.700 mm. Die zwei-

te und die vierte Kuppelachse hingegen waren seitenverschiebbar gelagert. So konnten die beiden Maschinen Kurven mit einem Radius bis zu 50 Meter anstandslos durchfahren.

Das Zweizylinder-Heißdampftriebwerk bestand im Wesentlichen aus den beiden Zylindern (Durchmesser 360 mm), die einen Kolbenhub von 410 mm hatten. Jeder Zylinderdeckel war mit einem Zylindersicherheitsventil ausgerüstet. Die Treibstange wirkte auf die dritte Kuppelachse.

Beide Maschinen besaßen eine Heusinger-Steuerung mit Kuhnscher Schleife. Aus Kostengründen hatten die Ingenieure von Henschel & Sohn auf einen teuren Schieberkreuzkopf verzichtet. Voreilhebel, Schieberschubstange und Schieberstange waren durch ein einfaches Gelenk miteinander verbunden. Der Lokführer betätigte die Steuerung über eine einfache Händel. Die Dampfverteilung übernahmen Regelkolbenschieber (Durchmesser 150 mm). Als Leerlaufeinrichtungen besaßen die Maschinen bei ihrer Indienststellung laut den Betriebsbüchern nur einen Druckausgleicher und zwei Luftsaugeventile.

Die Bremsausrüstung der Loks bestand aus einer Einkammer-Druckluftbremse der Bauart Knorr und einer Wurfhebelbremse. Alle Kuppelachsen wurden einseitig von vorn gebremst. Die zweistufige Luftpumpe der Bauart Knorr befand sich von Anfang an auf der Heizerseite. Die beiden Hauptluftbehälter waren längs zur Fahrtrichtung unter der vorderen Pufferbohle befestigt.

Zu den Sondereinrichtungen der Maschinen gehörten eine kleine Dampfpfeife preußischer Bauart, ein Dampfläutewerk der Bauart Latowski sowie eine Pulsometereinrichtung. Die unter Dampf gehenden Teil wurden mit Hilfe einer Schmierpumpe der Bauart Werner (acht Anschlüssen) mit Heißdampföl versorgt. Die Reichsbahn ersetzte die verschlissenen Werner-Pumpen, für die es keine Ersatzteile gab, in den 1950er Jahren durch herkömmliche Ölpressen der Bauart Grützner. Ein Gestänge, das mit der linken Schwingenstange verbunden war, trieb die Ölpressen an. Ein Druckluftsandstreuer sandete die erste Kuppelachse bei Vorwärtsfahrt und die dritte Kuppelachse bei Rückwärtsfahrt. Bereits bei ihrer Anlieferung waren beide Maschinen mit einer elektrischen Beleuchtung ausgerüstet. Der Turbo-Generator der Bauart AEG saß quer zur Fahrtrichtung auf einer Konsole zwischen Dampfdom und Schornstein. Das für Schmalspurmaschinen geräumige Führerhaus verfügte über halbhohe Klapptüren. Die großen fest eingebauten Seitenfenster und die drehbaren Stirnfenster boten eine gute Sicht auf die Strecke. Entgegen anders lautenden Angaben in der Literatur besaßen die Maschinen bei ihrer Indienststellung ausweislich der Betriebsbücher keine Geschwindigkeitsmesser. Erst die DR rüstete Anfang der 1950er Jahre beide Loks mit einem Geschwindigkeitsmesser der Bauart Deuta nach. Die Vorräte der beiden Maschinen waren mit 3,5 m³ Wasser und 1,25 Tonnen Kohle recht großzügig bemessen. Während der Wasservorrat in den beiden genieteten seitlichen Wasserbehältern (im vorderen Drittel leicht abgeschrägt) und dem vorderen Teil des Rahmens lagert werden konnte, befand sich der Brennstoff im genieteten Kohlekasten hinter dem Führerhaus. Der Kohlekasten konnte mit Hilfe zweier Abdeckplatten verschlossen werden.

Bauartänderungen

Im Großen und Ganzen erwiesen sich die beiden Maschinen als ausgereifte Konstruktion, so dass die KJ I und die Deutsche Reichsbahn, die die Loks 1950 als 99 4801 (ex Nummer 20) und 99 4802 (ex Nummer 21) in ihren Fahrzeugpark einreihte, keine größeren Bauartänderungen vornehmen mussten. Lediglich das Laufwerk konnte über Jahre hinweg nicht so richtig befriedigen. Wie bereits erwähnt neigten beide Loks aufgrund der kleineren Achsfahrmasse der vorderen Laufachse vor allem auf schlechtem Oberbau zum Entgleisen. Die Betriebsleitung der KJ I ließ deshalb die Nummer 21 im Zuge einer planmäßigen Hauptuntersuchung 1949/50 (Abnahme 7.9.1950) in eine Dh2-Tenderlok umbauen. Allerdings musste anschließend die zulässige Höchstgeschwindigkeit auf 40 km/h verringert werden. Im Betriebsbuch hieß es dazu: »Auf Anordnung der damaligen Leitung der Kleinbahn Burg wurde die Laufachse fortgenommen. Dadurch mußte der Rahmen geändert werden, desgleichen wurde der Kessel anders gelagert, um den Achsdruck und die Gewichtsverteilung wieder auszugleichen. Die Arbeiten wurden bei der Lowa Freital im Dezember 1950 ausgeführt.« Damit einher gingen auch gravierende Änderungen am Laufwerk. Die Laufachse entfiel und alle Kuppelachsen wurden nun fest im Rahmen gelagert. Um auch weiterhin 50 Meter-Kurven durchfahren zu können, wurden die Spurkränze der zweiten und dritten Kuppelachse um jeweils 7 mm geschwächt.

Allerdings brachte der Umbau nicht den gewünschten Erfolg. Infolge der nun deutlich größeren Überhänge neigte die 99 4802 jetzt bei höheren Geschwindigkeiten zum Nicken und Schlingern. Die Laufeigenschaften hatten sich demnach eher verschlechtert als verbessert. Lediglich die Zugkraft hatte durch die höhere Reibungsmasse ein wenig zugenommen. Doch dies konnte die Nachteile nicht aufwiegen. Trotz des offensichtlichen Fehlers vergingen fast 14 Jahre, bevor die Reichsbahn die 99 4802 wieder in eine 1′Dh2-Tenderlok umbauen ließ. Dies übernahm im Zuge einer Hauptuntersuchung (4.11.1963–16.7.1964) das Reichsbahnausbesserungswerk (Raw) Görlitz. Allerdings verzichtete das Raw auf einen neuen Rahmenvorschuh und fertigte für die 99 4802 einen geschweißten Ersatzrahmen und eine neue Bissel-Achse. Das Laufwerk entsprach nun technisch wieder jenem im Anlieferungszustand.

Mit dem Einsatz der 99 4801 und 99 4802 auf der Strecke Altefähr–Putbus–Göhren nahmen ab 1966 die Klagen über die ungenügenden Laufeigenschaften wieder zu. Außerdem verzeichneten die Eisenbahner einen deutlich höheren Verschleiß an den Spurkränzen. Techniker des Raw Görlitz und

99 4801 im Mai 1993 in Göhren.

Mitarbeiter des Bahnbetriebswerkes (Bw) Putbus suchten nun nach Änderungsmöglichkeiten. 1967 hatten sie ein modifiziertes Laufwerk entwickelt: Mit Ausnahme der zweiten Kuppelachse waren nun alle Kuppelachsen fest im Rahmen gelagert. Der zweite Radsatz erhielt einen um 10 mm geschwächten Spurkranz und eine Seitenverschiebbarkeit von jeweils 5 mm nach links und rechts. Außerdem wurde der Spurkranz des Treibradsatzes abgedreht. So umgebaut trafen 99 4801 (20.6.1967) und 99 4802 (14.6.1967) auf der Insel Rügen ein. Doch dieses Laufwerk erwies sich als völlig ungeeignet für den Oberbau des »Rasenden Rolands«. Nach nur wenigen Wochen ordnete das Raw Görlitz mit seinem Schreiben vom 15. November 1967 den erneuten Umbau der beiden Maschinen an. Die seitliche Verschiebbarkeit der vorderen Laufachse betrug nun jeweils 130 mm nach links und rechts. Die erste, zweite und vierte Kuppelachse lagen fest im Rahmen. Die dritte Kuppelachse hatte einen um 10 mm geschwächten Spurkranz und ein Seitenspiel von jeweils 5 mm nach links und rechts. Die vierte Kuppelachse war spurkranzlos. Als erste wurde so am 28.12.1967 die 99 4802 umgebaut, der am 16. Februar 1968 die 99 4801 folgte.

Aber auch diese Konstruktion war noch nicht das Optimum, weshalb die Konstruktionsabteilung des Raw Görlitz ein weiteres Mal das Laufwerk überarbeitete. Nun waren die erste und die dritte Kuppelachse fest im Rahmen gelagert und mit normalen Spurkränzen ausgerüstet. Die zweite Kuppelachse erhielt 5 mm Halbspiel und um 10 mm geschwächte Spurkränze. Die vierte Achse hingegen hatte wieder herkömmliche Spurkränze und eine Seitenverschiebbarkeit von 24 mm. Nach diesem Umbau verließ am 27. Januar 1972 zuerst die 99 4801 das Raw Görlitz. Einige Wochen später, am 12. Mai 1972, wurde das Laufwerk der 99 4802 entsprechend geändert. Seither sind beide Maschinen ohne nennenswerte Schwierigkeiten beim »Rasenden Roland« im Einsatz.

Die weiteren Bauartänderungen hielten sich in Grenzen. Unter anderem ersetzte die DR in den 1950er Jahren die Regelkolbenschieber beider Loks durch Druckausgleich-Kolbenschieber der Bauart Müller. Diese wurden in den 1960er Jahren schließlich durch Trofimoff-Schieber der Bauart Görlitz ersetzt. Während 99 4801 seit dem 31. Mai 1961 mit Trofimoff-Schiebern im Einsatz war, besaß die 99 4802 diese Schieber erst ab dem 28. Dezember 1967.

99 4801 im Mai 1993 in Putbus.

Ebenfalls in den 1950er Jahren entfernte das Raw Görlitz bei beiden Loks das vor dem Schornstein platzierte Dampfläutewerk. Es wurde durch ein Druckluft-Läutewerk der Bauart Knorr ersetzt. Etwa zeitgleich tauschte das Raw Görlitz die verschlissenen Sicherheitsventile der Bauart Coale durch solche der Bauart Ackermann.

Die Kupferfeuerbüchsen hatten Anfang der 1960er-Jahre ihre Grenzmaße erreicht. Das Raw Görlitz tauschte sie deshalb durch Stahlfeuerbüchsen aus, wobei der Rost durch eine Kipprostfeld ergänzt wurde. Dadurch wurde das Entschlacken deutlich vereinfacht. Zuerst erhielt 99 4801 (4.12.1963) eine Stahlfeuerbüchse. Zeitgleich wurde der Speisestutzen auf dem Kesselscheitel durch zwei getrennte Anschlüsse ersetzt. Die Speiseventile saßen nun links und rechts zwischen Sandkasten und Dampfdom. In diesem Zusammenhang wurde die Lok auch mit neuen geschweißten Vorratsbehältern und einem größeren Führerhaus ausgerüstet. Die Wasserkästen waren nach wie vor im vorderen Drittel leicht nach vorne abgeschrägt. Die Frontfenster des Führerhauses erhielten außerdem Sonnenschutzblenden. Das im oberen Bereich leicht nach innen eingezogene Führerhaus gab den Maschinen ein deutlich moderneres

Aussehen. Im Zuge des Umbaus ihres Umbaus in eine 1´D-Tenderlok (4.11.1963–16.7.1964) wurde 99 4802 ebenfalls mit neuen Vorratsbehältern, einem geschweißten Führerhaus und einer Stahlfeuerbüchse mit Kipprost ausgerüstet.

Erst Anfang der 1980er Jahre wurden die beiden Maschinen wieder in Details verändert. Mit der für 1983/84 geplanten Aufnahme des Rollwagenverkehrs zwischen Putbus und Göhren musste auch die Zug- und Stoßvorrichtung der Loks geändert werden. So hieß es im Betriebsbuch der 99 4802 für den 31. Januar 1983: »Einbau einer Trichterkupplung mit Schere für den Rollfahrzeugbetrieb«. Für die 99 4801 ist diese Bauartänderung für den 28. März 1984 belegt. Allerdings war der Umbau völlig überflüssig, da die DR den geplanten Güterverkehr mit Rollwagen auf dem »Rasenden Roland« aus Kostengründen wieder verwarf. Zeitgleich rüstete das Raw Görlitz beide Maschine mit einer Zugheizung aus. Bisher besaßen die Personenzüge des »Rasenden Rolands« nur Ofenheizung.

Die Unterhaltung

Für die Unterhaltung der Maschinen zeichnete bei den KJ I die bahneigene Hauptwerkstatt in Burg verantwortlich. Diese führte bis Ende der 1940er Jahre auch die gesetzlichen Zwischen- und Haupt-

99 4801 In Sellin.

untersuchungen an den Loks durch. So dokumentierte das Betriebsbuch der Nummer 20 bahnamtliche Untersuchungen für den 10. August 1942, den 11. Oktober 1944 und den 3. Mai 1948. Die Nummer 21 wurde hingegen am 15. Februar 1942, 15. Mai 1944 und am 10. September 1947 in Burg untersucht. Den Umbau der Nummer 21 übernahm jedoch die »Mechanische Werkstatt Freital-Potschappel« der Vereinigung der Lokomotiv- und Waggonbauindustrie (LOWA).

Mit der Übernahme des Burger Schmalspurnetzes durch die DR verblieb die Unterhaltung der Baureihe 99480 zunächst in der ehemaligen Hauptwerkstatt in Burg, die nun als selbstständiges Bahnbetriebswerk firmierte. Allerdings gab das Bw Burg bereits im Sommer 1952 die Unterhaltung der 99 4801 und 99 4802 an das Raw Görlitz ab. Kleinere Schadgruppen, wie Bedarfsausbesserungen (L0) und Zwischenausbesserungen (L2), wurden jedoch fallweise weiterhin in Burg erledigt, da durch den Transport nach Görlitz die Ausfallzeiten der Loks deutlich zunahmen. Auch Nach- und Garantiearbeiten wurden meist in Burg durchgeführt.

Das Raw Görlitz hatte mit den Maschine, von den bereits erwähnten Problemen mit dem Laufwerk abgesehen, sonst keine nennenswerten Schwierigkeiten. Allerdings mussten 99 4801 und 99 4802 aufgrund ihrer großen Belastung im Betriebsdienst im Durchschnitt einmal pro Jahr zu einer Instandsetzung in das Ausbesserungswerk. Anfang der 1960er Jahren schlugen die Rahmen der Baureihe 99 480, und hier vor allem die Rahmenwasserkästen, mit deutlich höheren Unterhaltungskosten zu Buche. Da außerdem der Rückbau der 99 4802 von Dh2 zu 1´Dh2 anstand, entschloss sich das Raw Görlitz zur Anfertigung und zum Einbau geschweißter Ersatzrahmen bei 99 4801 (4.12.1964) und 99 4802 (16.7.1964).

Mit dem Einsatz der beiden Maschinen auf dem »Rasenden Roland« nahm der Verschleiß an den Lauf- und Triebwerken deutlich zu. Besonders Umrissbearbeitungen sowie Reparaturen an den Lagern, Stangen und Kolben standen nun auf dem Programm. Um den Verschleiß an den Achs- und Stangenlagern zu verringern, goss das Raw Görlitz ab 1975 die Lager nicht mehr mit dem bisher üblichen Weißmetall WM 10, sondern mit dem höherwertigen WM 80 aus. Dieses Lagermetall war normalerweise nur den hoch belasteten Dampflokomotiven, wie zum Beispiel den Baureihe 01, 01[5] und 03[10], vorbehalten. Allerdings stand dem Raw Görlitz nicht immer WM 80 zur Verfügung, so dass

99 4801 am 21.5.2005 bei Seelvitz.

zwischen 1977 und 1979 wieder auf WM 10 zurückgegriffen werden musste.

Ab Mitte der 1980er Jahre zeigten die Kessel von 99 4801 und 99 4802 nach fast 50 Jahren Nutzungsdauer erhebliche Verschleißerscheinungen. Mit der geplanten Umstellung der Zugförderung auf der Strecke Putbus–Göhren auf die Baureihe 99$^{77-79}$ wurden die 1´D-Maschinen nach ihren Hauptuntersuchungen 1988/89 mehr oder minder auf Verschleiß gefahren. Nach Ablauf der Untersuchungsfristen sollten beide Maschinen ausgemustert werden.

Doch die Wende in der DDR vereitelte diese Planungen. Mit dem beschlossenen langfristigen Erhalt des »Rasenden Rolands« musste die Reichsbahn auch den Fahrzeugpark gründlich modernisieren. Da die Dampferzeuger der Baureihe 99 480 nicht mehr aufgearbeitet werden konnten, wurde das Raw Görlitz mit der Entwicklung eines entsprechenden Ersatzkessels beauftragt. Der neue Kessel entsprach im Wesentlichen der alten Konstruktion. Aus Kostengründen wurden jedoch die Durchmesser der Heiz- und Rauchrohre sowie die Überhitzer verändert. Obwohl sich der Rohrspiegel mit nun 52 Heiz- und 16 Rauchrohre nur unwesentlich änderte, sank die Verdampfungsheizfläche um etwa 10 Prozent. Die Überhitzerheizfläche schrumpfte um fast 25 Prozent auf nun 16,1 m². Damit einher

ging auch ein leichter Leistungsverlust. Nach der Abnahme der Zeichnungen Anfang 1993 fertigte das Raw Görlitz unter der Fabrik-Nummer 13 den ersten Ersatzkessel, der am 10. August 1993 in die 99 4802 eingebaut wurde. Den zweiten Dampferzeuger (Raw Görlitz, Baujahr 1993, Fabriknummer 14) trägt die 99 4801 seit dem 26. November 1993.

Die Ersatzkessel erhielten außerdem wieder eine gekümpelte Rauchkammertür mit Zentralverschluss. Zudem rüstete das Raw Görlitz die seitlichen Wasserkästen und den hinteren Kohlekasten mit aufgeschweißten Nieten aus, deren Anordnung und Verlauf jedoch nicht mit dem Anlieferungszustand übereinstimmt.

Auch nach der Privatisierung der Strecke Putbus-Göhren und der Übernahme der Betriebsführung durch die »Rügensche Kleinbahn GmbH & Co« (RüKB) verblieb die Unterhaltung der Loks in Görlitz. Mit der Schließung des Werkes im Jahr 1998 musste die RüKB jedoch neue Wege in der Wartung gehen. Um Kosten zu sparen, übernahm daraufhin die bahneigene Werkstatt die Zwischenuntersuchungen.

Für die Hauptuntersuchungen an der 99 4801 (Abnahme HU: 13.9.2001) und der 99 4802 (Abnahme HU: 26.4.2001) zeichnete hingegen das Dampflokwerk Meiningen verantwortlich.

Durch die Jerichower Schweiz

Obwohl die KJ I die beiden fabrikneuen Maschinen dringend für die Zugförderung, vor allem für die Truppentransporte zwischen Loburg und Altengrabow benötigte, kamen Nummer 20 und Nummer 21 zunächst zu zögerlich zum Einsatz. So wurde die Nummer 20 bereits am 28. Juli 1939 wegen der Probleme mit dem Laufwerk abgestellt. Erst am 15. August 1939 wurde sie wieder angeheizt. Ähnlich sah es bei der Nummer 21 aus, die nach ihrer Endabnahme bis zum 7. August 1939 kalt blieb. Erst ab Mitte August 1939 setzte die Betriebsleitung die beiden 1´Dh2-Maschinen ständig ein.

Bevorzugtes Einsatzgebiet der beiden Loks waren dabei die Strecken Burg Kleinbahnhof-Grabow-Magdeburgerforth-Ziesar und Loburg–Altengrabow. Zur Rationalisierung des Betriebsablaufs auf dem Dreischienengleis zwischen Loburg und Altengrabow ließ die Betriebsleitung die Zwischenwagen mit einer Bremsleitung ausrüsten. Da nun die Druckluftbremse der Truppenzüge mit der Bremse der beiden 1´D-Maschinen verbunden werden konnte, gestattete die zuständige Aufsichtsbehörde in Hannover die Anhebung der zulässigen Höchstgeschwindigkeit auf 30 km/h.

Mit Beginn des Zweiten Weltkrieges nahm das Verkehrsaufkommen auf der KJ I deutlich zu. Allerdings fehlte der Kleinbahn durch die Einberufung zahlreicher Eisenbahner zur Wehrmacht in den Jahren 1940 und 1941 Personal für den Betriebsdienst. Nur durch zeitweilige Einschränkungen des Zugangebots konnten diese Engpässe überbrückt werden. So blieb der Kessel der Nummer 20 vom 21. Februar bis zum 10. März 1940 sowie vom 22. September bis zum 13. Oktober 1941 kalt.

Ab Herbst 1941 standen die beiden erst wenige Jahre alten Maschinen fast ununterbrochen im Einsatz. Allerdings hatte die Betriebsleitung das Angebot auf den Strecken deutlich verringert. So verkehrten auf der Verbindung Burg Kleinbahnhof-Magdeburgerforth-Altengrabow drei und auf dem Abschnitt Altengrabow-Loburg zwei Personenzugpaare. Auf den Strecken Burg-Grabow-Altengrabow und Loburg-Gommern verkehrte jeweils nur noch ein Reisezugpaar. Die beiden 1´D-Maschinen waren damit voll ausgelastet. Lediglich zu den fälligen Zwischen- und Hauptuntersuchungen wurden sie abgestellt. Allerdings konnte die KJ I die Fristen aufgrund der angespannten Personallage in der Werkstatt nicht immer vollständig ausnutzen. So musste beispielsweise die Nummer 21 im

99 4802 im Juli 1991 im Kreuzungsbahnhof Posewald.

994801 am 22.5.2006 in Posewald.

Sommer 1942 rund sieben Wochen vor Fristablauf aus dem Verkehr gezogen werden.

Gemeinsam mit den Dn2-Tenderloks bildeten die beiden Henschel-Maschinen nun über Jahrzehnte hinweg das Rückgrat in der Zugförderung auf den Strecken der KJ I. Die Betriebsleitung sorgte stets dafür, dass die beiden modernen Heißdampfloks nach Möglichkeit immer im Einsatz waren. Auch die Lokführer und Heizer taten gerne Dienst auf der 20 und 21. Aufgrund des verdampfungsfreudigen Kessel, des geräumigen Führerhauses und vor allem ihrer Zugkraft und Leistung waren die beiden Maschinen beim Personal sehr beliebt. Dank der Lokführer, die die Strecken und ihren Oberbau bestens kannten, gab es auch keine gravierenden Probleme mit den Laufeigenschaften. Größere Entgleisungen sind daher aktenkundig nicht belegt.

Mit dem Näherrücken der Front stellte die KJ I im April 1945 den Verkehr ein. Zwar kamen im Mai 1945 sporadisch einige Züge zum Einsatz, doch mangels Kohle musste die Betriebsleitung Ende Mai 1945 den Betrieb wieder einstellen. Wann genau wieder planmäßig Züge über das Burger Schmalspurbahnnetz dampften, kann heute nicht mehr zweifelsfrei geklärt werden. Im Sommer 1945

existierte jedenfalls wieder ein Fahrplan. Die meisten Leistungen oblagen dabei den beiden Henschel-Maschinen. Bis zum Fahrplanwechsel am 4. November 1947 stockte die Betriebsleitung das Angebot schrittweise auf. Der Winterfahrplan 1947/48 sah auf den Strecken Burg-Magdeburgerforth-Ziesar West und Loburg-Altengrabow-Ziesar West werktags jeweils drei Zugpaare vor. Auf den Verbindungen Burg-Großlübars und Loburg-Gommern waren hingegen an Werktagen nur zwei Zugpaare vorgesehen. Alle Züge beförderten dabei auch Güterwagen.

Erhebliche Probleme bereitete der Betriebsleitung jedoch ab 1945 der zur Verfügung stehende Brennstoff. Da die sowjetische Besatzungszone (SBZ) von den Steinkohlenvorkommen im Ruhrgebiet und in Oberschlesien abgeschnitten war, standen ab Sommer 1945 nur noch Braunkohlenbriketts zur Verfügung. Doch deren deutlich geringerer Heizwert führte nun zu erheblichen Schwierigkeiten, da der Brennstoffvorrat nun nicht mehr für die bisherigen Umläufe ausreichte. So funktionierte die Hauptwerkstatt kurzerhand einige offene, zweiachsige Güterwagen in »Hilfstender« um, die den Maschinen beigestellt wurden. Bis zur Einstellung des Zugverkehrs lief nun bei den langen Umläufen

99 4801 am 22.5.2005 mit einem stilechten Kleinbahngütertzug mit Personenbeförderung (GmP) in Göhren

nach Magdeburgerforth, Ziesar und Loburg stets ein mit Kohle beladener Güterwagen hinter den Loks mit. Unterwegs mussten dann Lokführer und Heizer per Hand den Brennstoff vom Wagen in den Kohlekasten der Maschine umladen.

Unter Verwaltung der Reichsbahn

Mit der Übernahme des Burger Schmalspurnetzes durch die Deutsche Reichsbahn am 1. April 1950 änderte sich am Betriebsablauf zunächst nichts. Wie bereits erwähnt, wandelte die zuständige Reichsbahndirektion (Rbd) Magdeburg die ehemalige Hauptwerkstatt der KJ I in das selbstständige Bw Burg um. Parallel dazu wurden die beiden 1´D-Maschinen in 99 4801 und 99 4802 umgezeichnet. Gemeinsam mit 99 4641 bis 99 4645 wickelten sie fortan den Zugverkehr auf dem Schmalspurnetz ab. Anfang der 1950er Jahre verzeichnete die DR auf den Strecken der KJ I eine deutliche Zunahme des Personen- und Güterverkehrs, was sich auch in einer intensiveren Nutzung der 99 4801 und 99 4802 niederschlug. Zum Beispiel war 99 4802 im Jahr 1953 an insgesamt 328 Tagen im Einsatz – ein Wert, den die Lok anschließend nie wieder erreichte. Im Regelfall wurden die Maschinen in den 1950er Jahren zwischen 200 und 250 Tage eingesetzt. Die monatlichen Laufleistungen

lagen dabei im Durchschnitt zwischen 3.900 und 4.300 Kilometern. Aber auch Werte über 5.000 Kilometer waren keine Seltenheit. So legte die 99 4801 im März 1954 in 31 Tagen insgesamt 6.425 Kilometer zurück. Zwar war dieser Wert zu diesem Zeitpunkt noch eine Ausnahme, doch mit der Verbesserung des Angebotes auf dem Burger Schmalspurnetz nahmen ab Sommer 1954 die Laufleistungen der Maschinen spürbar zu. Die DR setzte im Winterfahrplan 1954/55 auf der Strecke Burg-Grabow-Magdeburgerforth-Ziesar West werktags fünf Zugpaare ein. Auf den Verbindungen Burg-Lübars und Loburg-Gommern waren es jeweils zwei Zugpaare. Auf dem Abschnitt Loburg-Altengrabow-Magdeburgerforth waren es fünf Zugpaare. Alle Züge waren als Güterzüge mit Personenbeförderung (Gmp) vorgesehen. Aufgrund des recht hohen Frachtaufkommens plante die Rbd Magdeburg die Umstellung des Frachtverkehrs auf Rollwagenbetrieb. Die Maschinen der Baureihen 99 464 und 99 480 waren dafür von ihrer Zugkraft und Leistung her geeignet. Da jedoch die Mittel für die Verstärkung des Oberbaus und die Beschaffung neuer Rollwagen fehlten, musste die Rbd Magdeburg diesen Plan im Sommer 1956 wieder aufgeben.

Zu diesem Zeitpunkt benötigte das Bw Burg für den Zugbetrieb werktags vier Maschinen. Neben 99 4801 und 99 4802 standen dafür noch insgesamt vier Loks der Baureihe 99^{464} und die 99^{4551} (ex 99^{4642}) zur Verfügung. Die Betriebsreserve war damit äußerst gering. Zum 1. Januar 1958 wandelte die Rbd Magdeburg das Bw Burg in eine Außenstelle des Bw Jerichow um. Die Planung der Fristen sowie das Aufstellen der Dienst- und Umlaufpläne verblieb jedoch weiterhin in der jetzigen Einsatzstelle (Est) Burg.

Bereits 1959 begann die Rbd Magdeburg damit, den Verkehr auf der ehemaligen KJ I schrittweise zu rationalisieren. Im Zuge dessen endete am 2. Mai 1960 der Reiseverkehr zwischen Loburg und Gommern. Der Güterverkehr wurde am 10. März 1962 eingestellt.

Aber die Straffung der Fahrpläne war für die Baureihe 99^{480} mit einem deutlichen Anstieg der Laufleistungen verbunden. Im Monatsdurchschnitt wurden ca. 4.500 Kilometer zurückgelegt. Spitzenwerte von über 6.000 Kilometern waren auch keine Seltenheit. So legte die 99 4802 im Dezember 1960 stolze 6.723 Kilometer zurück. Mit 7.109 Kilometern im Januar 1961 stellte die 99 4802 den (ersten) Rekord aller Burger Maschinen auf. Damit gehörten die Loks der Est Burg zu den am höchsten belasteten Schmalspurloks der DR.

Dies forderte natürlich seinen Tribut: Die Zahl der Reparaturtage nahm ab 1960 bei beiden Maschinen zu. Da auch 99 4641 und 99 4644 immer häufiger ausfielen, kam es ab Sommer 1962 in der Est Burg zeitweise zu erheblichen Engpässen. Zwar war seit der Einstellung des Betriebes auf dem Abschnitt Loburg-Gommern der Bedarf auf vier Maschinen zusammengeschrumpft, doch am 1. Dezember 1962 führte die Lokleitung Burg nur noch 99 4551, 99 4643, 99 4645 und 99 4801 als Betriebsmaschinen. Die 99 4301 und 99 4721 dienten wechselweise als Rangierlok im Schmalspurbahnhof Burg. Die 99 4802 stand auf »warten auf Ausbesserung« (»w«).

Die Verwaltung der Maschinenwirtschaft (VdM) der Rbd Magdeburg hatte diese Entwicklung bereits im Sommer 1962 vorausgesehen und bei der Hauptverwaltung der Maschinenwirtschaft (HvM) in Berlin Ersatz angefordert. Doch Schmalspurmaschinen waren damals Mangelware, so dass die Forderungen aus Magdeburg unerfüllt bleiben mussten.

Die Rbd Magdeburg stellte deshalb am 21. Januar 1963 den Reiseverkehr auf dem Abschnitt Loburg-Altengrabow ein, da hier der Schmalspurbetrieb ohnehin aufgegeben werden sollte. Am 26. Mai 1963 endete auch der schmalspurigen Güterverkehr. Durch diese Streichungen benötigte die Est Burg nur noch drei Maschinen täglich für den Streckendienst. Allerdings nahmen die Anforderungen an 99 4801 und 99 4802 dadurch nicht ab. Im Gegenteil, durch die optimierten Umläufe nahm die Belastung der Maschinen weiter zu. Beispielsweise erreichte die 99 4802 an insgesamt fünf Monaten des Jahres 1963 Laufleistungen zwischen 5.300 und 6.600 Kilometern. Mit Inkrafttreten des Sommerfahrplans 1964 setzte sich dieser Trend noch fort, denn nun lagen die Laufleistungen der 99 4802 von August bis Dezember 1964 immer zwischen 6.100 und 6.600 Kilometern. Auch die Lok 99 4801 erreichte im zweiten Halbjahr 1964 zweimal Laufleistungen über 6.000 Kilometer.

Diese Entwicklung hatte einen einfachen Grund: Die Rbd Magdeburg wollte mit Beginn des Sommerfahrplans 1963 den Reiseverkehr auf der Strecke Burg-Grabow-Magdeburgerforth-Ziesar West durch den Einsatz eines Triebwagens rationalisieren. Doch der am 1. Februar 1963 übernommene VT 137 600 erwies sich als sehr schadanfällig. Als Ersatz mussten die Lokleiter deshalb bevorzugt 99 4801 und 99 4802 in diesem Umlauf einsetzen, da diese mit ihren 45 km/h die für teilweise auf 25 km/h ausgelegten Fahrpläne am besten halten konnten. Tagesleistungen von über 260 Kilometern waren daher keine Seltenheit.

Doch im Herbst 1964 zeichnete sich bereits das Ende des Burger Schmalspurbahnnetzes ab. Parallel dazu schrumpfte der Betriebspark der Est Burg bis zum 1. Januar 1965 auf 99 4541, 99 4643, 99 4644, 99 4801 und 99 4802 zusammen. Nach der z-Stellung der 99 4541 an 25. März 1965 bestritten die Lokleiter mit den verblieben vier Maschinen den dreitägigen Umlauf.

Obwohl die Stilllegung des Burger Schmalspurnetzes mit Ablauf des Sommerfahrplans 1965 beschlossene Sache war, wurden die Maschinen nach wie vor gefordert. Unter anderem spulte die 99 4802 im ersten Halbjahr 1965 noch immer zwischen 5.200 und 6.400 Kilometer ab.

Mit der Einstellung des Betriebes auf dem Abschnitt Burg-Lübars am 30. Juni 1965 schrumpfte der tägliche Bedarf auf zwei Maschinen. Die Lokleiter setz-

99 4801 am 22.5.2005 in Baabe.

ten nun nach Möglichkeit nur noch 99 4801 und 99 4802 ein. Allerdings fiel die 99 4802 im Sommer wegen einer Bedarfsausbesserung (23.7–1.10.1965) längere Zeit aus. Deshalb brachten 99 4801 und 99 4644 die letzten Züge durch die Jerichower Schweiz. Sie standen schließlich auch am letzten Betriebstag, dem 25. September 1965 unter Dampf. Die 99 4801 bespannte den Abschiedssonderzug zwischen Burg und Magdeburgerforth. Dabei brach die 99 4801 noch kurz vor Toresschluss den Rekord ihrer Schwesterlok – insgesamt 7.248 Kilometer kamen im September 1965 zusammen.

Nach Einstellung des Verkehrs auf der ehemaligen KJ I wurden beide Loks nicht mehr angeheizt. Die 99 4801 verließ ihre Heimat am 15. Oktober 1965 für eine Zwischenausbesserung (L2) im Raw Görlitz. Dorthin folgte ihr die 99 4802 am 4. November 1965. Bis zu diesem Zeitpunkt hatten die 99 4801 insgesamt 545.740 Kilometer und die 99 4802 insgesamt 621.529 Kilometer seit 1950 auf den Strecken des Burger Netzes zurückgelegt.

Neue Heimat Rügen

Bereits im Vorfeld der geplanten Stilllegung der ehemaligen KJ I hatte die VdM der Rbd Magdeburg die beiden Maschinen der Baureihe 99480 zur Abgabe angeboten. Die Rbd Greifswald hatte

Interesse bekundet. Die 1´D-Loks sollten den Betriebspark des Bw Putbus ergänzen, das die Strecken Altfähr-Putbus-Göhren und Bergen-Fährhof-Altenkirchen der ehemaligen Rügenschen Kleinbahnen bediente. Mit ihren Leistungsparametern und ihrem noch recht jungen Baujahr versprachen die beiden 1´D-Maschinen eine echte Auffrischung des Lokparks. Nach ihren L2-Ausbesserungen im Raw Görlitz, bei denen die Maschinen an die Einsatzbedingungen auf der Insel Rügen angepasst wurden, trafen 99 4801 (6.12.1965) und 99 4802 (24.12.1965) in Putbus ein. Die Abteilung Triebfahrzeug-Betrieb (Tb) band die beiden Loks umgehend in die Umläufe auf der Strecke Altefähr-Putbus-Göhren ein. Allerdings kamen sie nur selten nach Altefähr. Meist pendelten sie auf dem »Rasenden Roland« zwischen Putbus und Göhren. Von Anfang an mussten beide Maschinen zeigen, was sie konnten. So legte die 99 4801 bereits im Dezember 1965 insgesamt 5.801 Kilometer zurück. Einen Monat später waren es bereits 6.546 Kilometer. Mit diesen Leistungen schlossen die Maschinen nahtlos an ihre Einsätze in Burg an.

Mit der Umwandlung des Bw Putbus in eine Einsatzstelle des Bw Stralsund zum 1. Januar 1967 änderte sich am Einsatz der Baureihe 99480 nichts.

99 4801 am 22.5.2005 in Göhren.

Nach der Einstellung des Betriebs auf dem Abschnitt Altefähr-Putbus am 3. Dezember 1967 pendelten beide Loks ausschließlich auf der so genannten Bäderstrecke nach Göhren.

Die Putbuser Lokführer lernten die Vorzüge der beiden Burger Maschinen schnell zu schätzen, waren sie doch den Loks der Baureihen 99^{452} und 99^{463} deutlich überlegen. Auch die in Putbus stationierten Meyer-Loks der Baureihe 99$^{51–60}$ konnten mit den kleinen Kraftprotzen nicht mithalten. Bald nannten die Personale die zwei 1´Dh2-Maschinen respektvoll die »Großen«. Allerdings trübten die nicht ganz überzeugenden Laufeigenschaften und der deutlich höhere Radreifenverschleiß die Freude an den Maschinen, die ab 1967 bis an ihre Leistungsgrenze gefordert wurden. Dies war vor allem im Sommer der Fall, wenn die Reisezüge bis zu 11 Wagen stark und 150 Tonnen schwer waren. Auf diese Weise erreichten die »Großen« im Jahr 1967 für Schmalspurloks beeindruckende Leistungen, denn an acht Monaten lagen von der 99 4801 deutlich über 7.000 Kilometer. Im Oktober 1967 stellte die 99 4801 schließlich den Rekord für Schmalspurlokomotiven auf. In 30 Tagen legte die Maschine 9.110 Kilometer zurück. Zwar gingen Anfang 1968 die Belastungen deutlich zurück, doch

mit Inkrafttreten des Sommerfahrplans 1968 standen die Loks wieder im Dauereinsatz, auch wenn sie an ihre beachtlichen Leistungen des Vorjahres nicht mehr ganz anschließen konnten.

Nach der Einstellung des Personenverkehrs auf der Strecke Bergen-Wittower Fähre am 19. Januar 1970 wurden die noch betriebsfähigen Dampfloks in Putbus zusammengezogen. Für den Betriebsdienst standen somit 99 4631, 99 4632, 99 4633, 99 4801 und 99 4802 zur Verfügung. Diese fünf Maschinen bildeten nun bis Mitte der 1980er Jahre den Fahrzeugstamm der Est Putbus. Allerdings bevorzugten die Lokpersonale die drei Maschinen der Baureihe 99^{463}. Darüber konnte auch der Kilometer-Rekord der 99 4801 nicht hinwegtäuschen. Mit 9.628 Kilometern in 30 Tagen stellte sie im August 1970 die höchste bekannte Laufleistung einer Schmalspurdampflok auf. Dennoch gingen die Einsatztage, auch aufgrund der vielen notwendigen Ausbesserungen, deutlich zurück. Außerdem hatte die Est Putbus ihren Lokbedarf auf ein Minimum reduziert. Während des Winterhalbjahres wurde nur eine Lok benötigt. Im Sommerhalbjahr kam eine zweite Maschine von Putbus aus hinzu. Mit der seitens der Rbd Greifswald geplanten Stilllegung des »Rasenden Rolands« für 1976 erschien das Schicksal der Baureihe 99^{480} besiegelt. Nach Ablauf ihrer Untersuchungsfristen wurde deshalb die 99 4802 am 7. November 1973 auf »w« gestellt. Auch die Einsätze der 99 4801 schrumpften immer weiter. Nur noch 82 Einsatztage wies der Betriebsbogen für das Jahr 1974 aus. Als jedoch der Rat des Bezirkes Rostock die Strecke Putbus-Göhren unter Denkmalsschutz stellte und damit der Erhalt der Schmalspurbahn langfristig gesichert war, nahm die DR die Fahrzeuge wieder in den Unterhaltungsbestand auf. Die 99 4802 erhielt daraufhin Ende 1975 (5.11.1975–23.3.1976) erneut eine Hauptuntersuchung im Raw Görlitz. Ihre Rolle als Reserveloks behielten die »Großen« bei, von denen lediglich 99 4802 zum Abfahren der Garantiefristen 1977 und 1978 längere Zeit im Einsatz war. Die 99 4801 verzeichnete 1978 mit 36 Einsatztagen die geringste Nutzung in ihrer gesamten Karriere. Eine besondere Ehre wurde der 99 4802 am 21. September 1979 zuteil: An diesem Tag bespannte sie den offiziellen Sonderzug nach der Sanierung des Oberbaus auf dem »Rasenden Roland«. Zu den geladenen Gästen gehörten Vertreter der Rbd Greifswald, des Rates des Kreises und des Rates des Bezirkes Rostock.

Erst 1981 wurden die beiden Burger Loks wieder häufiger angeheizt. Grund dafür war der deutlich gestiegene Unterhaltungsaufwand für die drei Rügen-Loks der Baureihe 99^{463}. Die zwischen 1913 und 1925 gebauten Maschinen waren deutlich älter als die beiden »Großen«. Mit der für 1983 geplanten Aufnahme des Rollwagenverkehrs drängte die Rbd Greifswald auf die Umsetzung leistungsfähiger Maschinen auf die Insel Rügen. Mit dem Eintreffen der 99 784 am 9. Juli 1983 in Putbus war die HvM diesem Wunsch nachgekommen. Ein Jahr später, am 3. Juli 1984, wurde der Bestand noch durch 99 782 verstärkt. Mit der z-Stellung der Lok 99 4631 am 12. Oktober 1983 kamen 99 4801 und 99 4802 wieder vermehrt zum Einsatz. Dies war vor allem im Winterfahrplan 1983/84 der Fall. Pro Tag legte die Lok der Est Putbus etwa 244 Kilometer zurück - das war die höchste tägliche Laufleistung aller Schmalspurmaschinen der DR. Auf diese Weise kamen im Dezember 1983 bei der 99 4802 insgesamt 5.376 Kilometer zusammen.

Ende der 1980er Jahren sah die Zukunft der beiden Henschel-Maschinen sehr trübe aus. Nach einer Konzeption der HvM sollte die 99 4801 spätestens 1991 ausgemustert werden. Das in der Literatur genannte Ausmusterungsdatum der 99 4801 (8.11.1989) stimmt nach Auswertung des Betriebsbuches nicht. Die Maschine hatte erst 1988 eine Hauptuntersuchung (6.12.1988) erhalten. Außerdem weilte sie Ende 1989 zu einer L5 im Raw Görlitz (7.8.1989–30.1.1990). Die 99 4802 sollte nach Ausnutzung aller Fristen im Jahr 1993 aus dem Bestand ausscheiden. Doch die Ereignisse des Herbstes 1989 vereitelten das Vorhaben der Reichsbahn, auch wenn zum Jahreswechsel 1989/90 beide Maschinen vorübergehend nicht betriebsfähig waren. Ab Frühjahr 1990 bestritten 99 4801 und 99 4802 dann mehrere Wochen gemeinsam den Plandienst auf dem »Rasenden Roland«. Im Sommer 1990 teilten sie sich außerdem die Bespannung des Traditionszuges, da die dafür eigentlich vorgesehenen Loks 99 4632 und 99 4633 nicht einsatzfähig waren. Doch dies blieb nur eine kurze Episode. Nachdem die 99 782 und die 99 784 wieder zur Verfügung standen, kamen die beiden Burger Loks nur noch bei Bedarf von Putbus aus zum Einsatz. Auch im Sommer 1991 war dies so. Am 24. August 1991 bespannten 99 4801 und 99 4802 gemeinsam einen Sonderzug. Mit der Einführung der einheitlichen Betriebsnummern von Reichs- und Bundesbahn zum 1. Januar 1992 wurden die beiden Maschinen mit neuen Lokschildern ausgerüstet. 99 4801 hieß von nun an 099 780-9, und 99 4802 bekam die neue Nummer 099 781-7. Doch weder die Eisenbahner noch die Eisenbahnfreunde konnten sich mit diesen Nummern so richtig anfreunden. Bereits 1992 beschafften engagierte Eisenbahner gegossene Lokschilder, wie sie die Maschinen bis 1970 hatten, und ersetzten die neumodischen 099er-Nummern. Da sich zu diesem Zeitpunkt bereits die Privatisierung des »Rasenden Rolands« abzeichnete, duldeten die vorgesetzten Dienststellen in Stralsund, Schwerin und Berlin diese Eigenmächtigkeit.

Nach der Generalreparatur der 99 4632 und der 99 4633 im Jahr 1992, bei der die Loks neue Kessel und Zylinder erhielten, nahm die Zahl der Einsätze für 99 4801 und 99 4801 wieder ab. Dies blieb auch so nach der Neubekesselung der beiden Burger Maschinen 1993. Nach Beendigung der Garantiefahrten fungierten sie als Betriebsreserve.

Mit der Übernahme des »Rasenden Rolands« durch die RüKB strich die Deutsche Bahn AG mit Wirkung zum 22. Januar 1996 die 99 4801 und 99 4802 aus

99 4801 im Juli 1991 in Putbus.

ihrem Bestand. Seither sind die Maschinen Eigentum der RüKB. An ihrer Rolle als »eiserne« Reserve hat sich jedoch nichts geändert. Ab und zu dampfen die eleganten 1´D-Maschinen dann mit Reisezügen über die Insel Rügen, und das hoffentlich noch sehr lange.

Quellen und Literatur

-Betriebsbücher der 99 4801 und 99 4802
-Bauchspiess, Walter; Jünemann, Klaus; Kieper, Klaus: »Die Rügenschen Kleinbahnen«; Stuttgart 1996.
-Deutsche Reichsbahn: »Merkbuch für Fahrzeuge (Triebfahrzeuge), DV 939 Tr.«, Berlin 1964.
-DMV der DDR, BV Greifswald (Hrsg.): »75 Jahre mit dem »Rasenden Roland« durch die Insel Rügen«; Greifswald 1974.
-DMV der DDR, BV Schwerin (Hrsg.): »Denkmalsgeschützte Kleinbahn im Ostseebezirk, Ihre Geschichte und Perspektive«; Schwerin 1979.
-Ebel, Jürgen U.; Knipping, Andreas; Quill, Klaus-Peter; Stange, Andreas: »Die »6000er« der Deutschen Reichsbahn, Strecken und Fahrzeuge der enteigneten Privat- und Kleinbahnen in der DDR«; Freiburg 2001.
-Holzborn, Klaus-Detlev; Kieper, Klaus: »Dampflokomotiven, Zahnrad/Lokalbahn/Schmalspur«; Düsseldorf 1968.
-Kieper, Klaus: »Die Kleinbahn des ehemaligen Kreises Jerichow« in »Der Modelleisenbahner«, Heft 4/1966, S. 96–99.
-Kieper, Klaus; Preuß, Reiner; Rehbein, Elfriede: »Schmalspurbahn-Archiv«; Berlin 1982.
-Modellbahnclub Saßnitz e.V. (Hrsg.): »Die Rügensche Kleinbahn Putbus-Göhren«; Saßnitz 1991.
-Röper, Hans: »Die Kleinbahnen des Kreises Jerichow I, Die Geschichte einer ehemaligen Schmalspurbahn«; Radebeul 1988.
-Siemß, Rüdiger: »Schmalspurbahnen im Kreis Jerichow I«; Nordhorn 1995.
-Weisbrod, Manfred; Wiegard, Hans; Müller, Hans; Petznick, Wolfgang: »Dampflokomotiven 4, Baureihe 99«; Berlin 1995.

Dr. Markus Strässle

ÖBB-Ybbstalbahn

Einleitung

Dieser Beitrag über eine österreichische Schmalspurbahn ist dem »Schafskäse-Expreß« gewidmet, wie die ÖBB-Ybbstalbahn von der Bevölkerung genannt wird.

Aus der Bahngeschichte

Schon um das Jahr 1870 herum gab es Pläne, das Ybbstal von Waidhofen aus mit einer Normalspurbahn flußaufwärts nach Lunz am See und von dort weiter über den Pfaffensattel nach Kienberg-Gaming zu erschließen. In der Folge gab es verschiedene weitere Projekte sowohl normal- wie schmalspuriger Art, wobei die ortsansässigen Proponenten des Bahnbaues eher die Normalspurvariante unterstützten, da diese gegenüber der Schmalspur zwar um 800.000 Gulden teurer veranschlagt wurde, man sich jedoch durch die entfallenden Umladekosten größere Einsparungen erhoffte. Zu Beginn der 1890er Jahre traten die Projekte schließlich in die entscheidende Phase,

wobei sich das k.u.k. Handels- und auch das Kriegsministerium für die Schmalspurbahn aussprachen. Gründe hierfür waren neben den günstigeren Anlagekosten vor allem auch solche strategischer Art, da es Projekte für ein großes niederösterreichisches Schmalspurnetz gab. So sollten von St. Pölten aus Strecken nach Mariazell und von dort weiter über Gußwerk nach Seebach/Turnau und Kapfenberg gebaut werden, mit einer Zweiglinie nach Neuberg bei Mürzzuschlag, sowie eine große Querverbindung von Ober Grafendorf über Mank, Purgstall, Scheibbs nach Gresten und von dort über Ybbsitz nach Waidhofen. Die Ybbstalbahn ihrerseits sollte eine Zweiglinie von Lunz über Langau nach Mariazell erhalten, des weiteren eine Fortsetzung von Waidhofen a.d. Ybbs nach Steyr und somit zur Steyrtalbahn. Zieht man nun ein weiteres Projekt in Betracht, daß die Waldviertelbahnen mit einer Verbindung von Groß Gerungs in Richtung St. Pölten hätte mit der Mariazellerbahn ver-

ÖGLB Uv 1 (ex 298.205) am 3.10.2004 in Lunz am See.　　　　　*Alle Ybbstalbahn-Fotos von Dr. Markus Strässle*

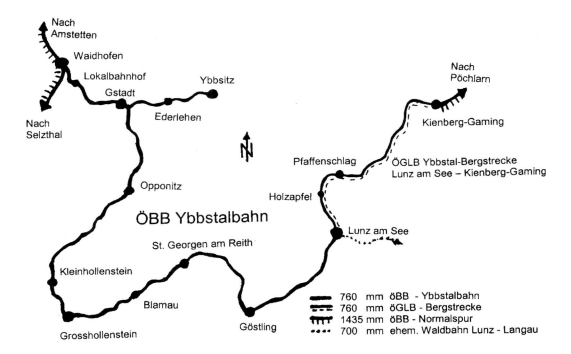

Nach Amstetten
Waidhofen
Lokalbahnhof
Gstadt
Ybbsitz
Ederlehen
Nach Selzthal
Opponitz
ÖBB Ybbstalbahn
St. Georgen am Reith
Kleinhollenstein
Blamau
Grosshollenstein
Göstling
Holzapfel
Pfaffenschlag
Lunz am See
Kienberg-Gaming
Nach Pöchlarn
ÖGLB Ybbstal-Bergstrecke
Lunz am See – Kienberg-Gaming

760	mm	öBB	- Ybbstalbahn
760	mm	öGLB	- Bergstrecke
1435	mm	öBB	- Normalspur
700	mm	ehem.	Waldbahn Lunz - Langau

Unmaßstäbliche Streckenskizze der ÖBB-Ybbstalbahn.   *Zeichnung: Dr. Markus Strässle*

binden werden sollen, so wäre ein riesiges Netz entstanden, dessen äußere Endpunkte Klaus (Steyrtal), Gmünd oder Neuhaus (Waldviertel), St. Pölten, Neuberg und Kapfenberg (Steiermark) gewesen wären. Dadurch wäre unter anderem bedeutende Zentren der Eisen- und Stahlindustrie miteinander verbunden gewesen (Steyr und Kapfenberg), wodurch viele Güter auch im Binnenverkehr (also ohne Umlad) transportierbar gewesen wären. Wie wir heute wissen, kam es nicht zur Vernetzung und Verbindung der fünf Schmalspurbahnen miteinander, was eigentlich bedauerlich ist, da dies die Bahnen bestimmt wesentlich aufgewertet hätte.

Tatsache ist, dass am 1. Juni 1895 in Waidhofen feierlich der erste Spatenstich für den Bau der schmalspurigen Ybbstalbahn erfolgte, womit der Bau der Bahn begonnen hatte. Der erste Bauabschnitt führte bis Großhollenstein und war 25,6 km lang. Am 15.7.1896 wurde der erste Teilabschnitt eröffnet und am 15.5.1898 der zweite bis Lunz am See (km 53,5). Bereits am 12.11.1898 konnte auch der dritte und letzte Abschnitt der »Hauptstrecke« von Lunz nach Kienberg-Gaming (km 70,9) in Betrieb genommen werden, womit die projektierte Bauzeit um etwa eineinhalb Jahre unterschritten worden

war. Am 9.3.1899 wurde noch die 5,8 km lange Zweigstrecke von Gstadt nach Ybbsitz dem Verkehr übergeben, womit die Ybbstalbahn ihren vollen Ausbaustand erreicht hatte. Die ganze Strecke ist reich an Kunstbauten, so sind zahlreiche größere Stahlfischbauchbrücken erstellt worden, bei Opponitz gibt es einen 87 Meter langen Tunnel, und auf der Bergstrecke zwischen den Bahnhöfen Pfaffenschlag und Kienberg-Gaming wurden zwei größere Trestlework-Brücken über den Wetterbach- und Hühnernestgraben gebaut, die weit herum bekannt geworden sind.

An Fahrbetriebsmitteln standen bei der Eröffnung (bzw. einige Wochen danach) drei C2n2t gekuppelte Dampflokomotiven der Gattung »Yv« und 4 Post-/Gepäckwagen, 15 Personenwagen und 50 Güterwagen verschiedener Bauart zu Verfügung. Schon 1898 wurden nochmals drei Dampflokomotiven der Gattung »U« (Achsfolge C1n2t) in Betrieb genommen, womit insgesamt sechs Dampfloks zur Verfügung standen.

Interessant ist vielleicht die Tatsache, daß die Loks Yv 1-3 erst einige Wochen nach der Betriebseröffnung geliefert werden konnten, womit eigentlich keine Lok zur Verfügung gestanden hätte. Mit großer Wahrscheinlichkeit wurde de Eröffnungszug

ÖBB 2091 004 am 12.4.1988 auf der Drehscheibe in Göstling.

daher von der gemieteten Dampflok U 10 der Murtalbahn, die den Namen »Tamsweg« trug, geführt, denn sie soll auch beim Bahnbau und bei den technischen Abnahmefahrten für die behördliche Prüfung der Strecke im Ybbstal gewesen sein. Im Bereich der Ybbstalbahn bestanden auch diverse Anschlußbahnen bzw. Anschlußgleise zu Sägewerken und zu den beiden Kraftwerken in Opponitz und Gstetten. Für die beiden letzteren Anschlüsse gab es je einen Rollwagen, womit Normalspurwagen von Waidhofen nach Opponitz und von Kienberg nach Gstetten transportiert werden konnten. Inzwischen wurden diese Anlagen längst abgetragen und die Rollwagen verschrottet. In Lunz am See gab es ein Anschlußgleis zur Verladestelle der Waldbahn Lunz-Langau-Saurüsselboden, welche in 700 mm-Spur angelegt worden war, was das Umladen des Holzes in Lunz am See erforderte. Sie verkehrte 1974 letztmals, bestand dann noch auf Teilabschnitten als Museumswaldbahn und wurde 1981 endgültig aufgegeben, da sie Straßenverbreiterungen weichen mußte.

Zum 1.1.1930 wurde die Ybbstalbahn, welche bis dahin eine eigene Aktiengesellschaft war, verstaatlicht und in die Österreichischen Bundesbahnen einverleibt. Um 1940 bestand ein Projekt der Deutschen Reichsbahn (DRG), welches die Verlegung einer dritten Schiene zwischen Kienberg-Gaming und Wieselburg an der Erlauf vorsah, wodurch eine Verbindung mit dem Netz der Mariazellerbahn geschaffen worden wäre. Auch 1954/55 setzte man sich nochmals mit dieser Idee auseinander und man erstellte drei Projektvarianten, die sich hauptsächlich in der Anzahl- und Lage der Weichen in den Unterwegsbahnhöfen unterschieden. Obwohl die Kosten verhältnismäßig niedrig gewesen wären, wurde auch dieser Plan nicht verwirklicht.

Streckenbeschreibung

Die 70,9 km lange Ybbstalbahn nimmt ihren Ausgang auf dem Bahnhofsvorplatz von Waidhofen an der Ybbs. Hier befinden sich auch, etwas weiter zurückversetzt, die ziemlich umfangreichen Gleisanlagen des Güter- und Abstellbahnhofs sowie der Zugförderung mit dem Heizhaus, wie in Österreich die Lokschuppen allgemein genannt werden. In diesem Anschlußbahnhof zur Normalspur gibt es also viel zu sehen, da hier sämtliche Güter umgeladen werden müssen, weil die Schmalspurbahn über keinen Rollschemel- oder Rollbockverkehr verfügt. Neben Rampen für das Stückgut gibt es hier einen großen Kran für den Holzumlad, und vor

Heizhausbereich in Waidhofen a.d. Ybbs.

ÖBB 5090 011 am 5.10.2001 in Grosshollenstein.

ÖBB 5090 013 am 3.10.2004 im Zweigstrecken-Endbahnhof Ybbsitz

einiger Zeit fanden auch Versuche für einen allenfalls einzuführenden Containerverkehr statt, was bestimmt einer Rationalisierung des Betriebsablaufs im Güterverkehr bringen könnte. Im Heizhaus in Waidhofen sind sämtliche Dieselloks und Dieseltriebwagen der Ybbstalbahn beheimatet, wobei jedoch nur ein kleiner Teil der Triebfahrzeuge im vor einigen Jahren neu gebauten Lokschuppen mit Werkstätte für den laufenden Kleinunterhalt Platz finden. Da sich tagsüber stets diverse Triebwagen und auch einige Lokomotiven mit ihren Zügen auf der Strecke befinden, fällt dies weniger auf, doch abends und an Wochenenden kann man stets die meisten Dieselloks und einige der Triebwagen im Freien abgestellt antreffen.

Nach der Ausfahrt aus dem Bahnhof Waidhofen folgt das Schmalspurgleis einige hundert Meter der parallel verlaufenden ÖBB-Normalspurstrecke (welche nach Kleinreifling führt), um dann nach links abzubiegen und auf einem langen Viadukt die malerische Altstadt von Waidhofen und den Schwarzbach zu überqueren. Kurz nach der Brücke befindet sich die neugeschaffene Haltestelle Waidhofen-Schillerpark, welche den ehemaligen Lokalbahnhof von Waidhofen durch ihre verkehrsgünstigere Lage zur Stadt hin ersetzt hat. Nach wenigen Metern folgt der vorgenannte ehemalige Lokalbahnhof, der zuletzt noch als Haltestelle diente und wo auch in einem Holzschuppen die beiden Dampfloks 598.02 und 598.03 des Clubs 598 (Verein der Freunde der Ybbstalbahn) untergebracht sind. Hier stehen in den

ÖBB 2091 004 am 12.4.1988 in Göstling.

Betriebspausen auch meist die dem Club 598 gehörenden zweiachsigen Personenwagen und ein Dienstwagen.

Die Fahrt geht nun auf der linken Ybbsseite in östlicher Richtung weiter, und über die Haltestelle Kreilhof in Km 3,9 erreichen wir in Km 5,5 die Station Gstadt, wo sich die Strecke gabelt.

Wenn wir zuerst kurz nach Ybbsitz fahren, so überquert unser Zug gleich nach der Ausfahrt aus Gstadt auf einer imposanten Brücke die Ybbs, und im Tal der Kleinen Ybbs, vorbei an den Haltestellen Steinmühle in Km 1,4 und Ederlehen in Km 3,3, erreichen wir in Km 5,8 den malerischen kleinen Ort Ybbsitz, von wo aus einst eine Streckenfortsetzung nach Gresten geplant war.

Die Hauptlinie folgt nach Gstadt nun in einem Knick nach Süden dem Tal der Ybbs in Richtung Lunz. Nach etwa einem Kilometer nach Gstadt wird die Talseite gewechselt und in Km 7,7 die Haltestelle Gaissulz erreicht. Vor der in Km 11,6 gelegenen Haltestelle Furth/Prolling geht es neuerlich an das linke Ybbsufer, bis man auf der anderen Talseite das Kraftwerk Opponitz und wenig später das Schloß erblickt.

In Km 13,8 ist der Kreuzungsbahnhof Opponitz erreicht, wo sich gleich neben dem Bahnhof die nun leider seit etlichen Jahren geschlossene, früher aber sehr empfehlenswerte private Frühstückspension »Fröhlich« befand, die sich ideal als Unterkunft für Eisenbahnfreunde eignete, zumal die Ybbstalbahn gleich vor dem Haus vorbeifährt und man am Morgen von den Zügen auf ganz besondere Art geweckt wurde!

Weiter geht es über einen Bahnübergang, eine große Brücke und gleich anschließend durch den 87 Meter langen Opponitzer-Tunnel, welcher einen Felsrücken traversiert. Für die gesamte restliche Strecke bleibt die Bahn nun am rechten Ufer der Ybbs und über die Haltestelle Seeburg in Km 16,0, die Haltestelle von Hohenlehen in Km 20,2, und über den früheren Bahnhof (heutige Haltestelle) Kleinhollenstein in Km 22,6 wird in Km 25,5 der Bahnhof von Großhollenstein erreicht. Hier hat sich nun die Talsohle wieder etwas geweitet, und nach Großhollenstein erhebt sich das Berggebiet der Voralpe und des Gamssteins. Die Bahn folgt der Ybbs und macht eine Richtungsänderung gegen Nordosten. Es werden die Haltepunkte Oisberg in Km 28,8, Blamau in Km 31,5, Königsberg in Km 33,1 und Obereinöd (welch klassisch ländlicher Name!) in Km 34,8 passiert, bis in Km 36,0 der Bahnhof St. Georgen am Reith erreicht wird. Nach Kogelbach in Km 39,5 gewinnen die Bergmassive immer mehr an beeindruckender Höhe, und in Bahnkilometer 44,1 wird der Bahnhof Göstling an der Ybbs erreicht, der eine gewisse Bedeutung als Wintersportort hat. Hier wird auch heute noch Holz auf die Ybbstalbahn verladen. Rechterhand werden die Ausläufer des Dürrensteinmassivs sichtbar. Die nächste Haltestelle in Km 47,5 heißt Stiegengraben/Ybbstalerhütte und ist vor allem von Bergsteigern und Wanderern frequentiert. Nach einer Talenge wird ebenfalls auf der rechten Seite die von Brückenheiligen gesäumte Töpperbrücke (so genannt nach einem hier früher ansässigen Hammer-Herren) sichtbar. Die nächste Haltestelle heißt Kasten (Km 52,2), und in Km 53,5 erreichen wir den heutigen Endbahnhof Lunz am See, welcher viergleisig ist und eine kleine Drehscheibe zum Wenden der Lokomotiven aufweist. Bis zum Sommerfahrplanwechsel 1988 führte die ÖBB-Ybbstalbahn über die nun folgende Bergstrecke weiter nach Kienberg-Gaming, welcher Abschnitt jetzt als Museumsbahnstrecke der Österreichischen Gesellschaft für Lokalbahnen (ÖGLB) in den Sommermonaten an Wochenenden von Dampf- oder Dieselzügen aus historischem Rollmaterial befahren wird.

Hinter Lunz verläßt die Bahn das Ybbstal gegen Norden, um die Wasserscheide zwischen Ybbs und Erlauf zu erklimmen. An der Lehne des Bodingbachtals gewinnt die Bahn an Höhe und erreicht in Km 56,0 die nach einem Weiler so benannte Haltestelle Holzapfel, welche ein Ladegleis aufweist, das früher dem Holzverlad diente. Nach zahlreichen Windungen und in gebirgsbahnmäßiger Trassierung wird in Bahnkilometer 59,7 der Scheitelpunkt Pfaffenschlag, der zugleich mit Seehöhe 694 Meter höchste, nun wieder dreigleisige Bahnhof der Ybbstalbahn erreicht. Mit einem Gefälle von bis zu 35 ‰ führt die Bahn in nordöstlicher Richtung ins Erlauftal, wobei auch die beiden bekannten Trestlework-Brücken passiert werden. Nachdem sich der Wald etwas gelichtet hat, wird in Kürze die eindrückliche Kartause in Gaming sichtbar, die sich vom Zug aus gut überblicken läßt. Die dem Ort zugehörige Haltestelle liegt immer noch weit am Berghang in Km 67,9 und heißt Gaming, während nach weiteren drei Kilometern in der Talsohle der (frühere) Endbahnhof der Ybbstalbahn im Bahnhof Kienberg-Gaming in Km 70,9 erreicht wird.

Hier besteht Anschluß an die ÖBB-Normalspur

nach Pöchlarn an der Westbahn. Besaß der Schmalspurteil dieses Bahnhofs früher diverse Rangier- und Abstellgleise, so wurde er in der letzten Zeit des ÖBB-Betriebs ziemlich rückgebaut und die Gleise auf ein absolutes Minimum reduziert. Neben einigen Gleiskreuzungen zwischen Normal- und Schmalspur gab es hier auch eine Drehscheibe mit Normal- und Schmalspurgleis sowie einen Lokschuppen für beide Spurweiten, in welchem heute die Dampfloks der Museumsbahn abgestellt werden. In den letzten Jahren wurden die Gleisanlagen in Kienberg-Gaming wieder durch die ÖGLB erweitert, allerdings mussten die nivaugleichen Gleiskreuzungen zwischen Normal- und Schmalspur aufgegeben und eine neue, kreuzungsfreie Zufahrt zum Heizhausgelände verlegt werden. Unterstützt mit EU-Fördermitteln war es der rührigen ÖGLB auch möglich, in Kienberg eine neue, dreigleisige Fahrzeughalle für die Betriebsfahrzeuge zu errichten und nun auch den früher mit den ÖBB geteilten Lokschuppen ganz für ihre 760 mm-Lokomotiven zu übernehmen.

Verschiedentlich gab es Projekte für das Einlegen einer dritten Schiene in die Normalspurstrecke zwischen Kienberg-Gaming und Wieselburg an der Erlauf, was die Überstellung von Fahrzeugen zum Netz der Mariazellerbahn ermöglicht hätte. Dies wäre auch im Hinblick auf eine leichtere Erreichbarkeit der ÖBB-Schmalspurbahn-Hauptwerkstätte in St. Pölten wünschenswert gewesen, doch auch das letzte, aus den Fünfzigerjahren stammende diesbezügliche Projekt konnte nicht realisiert werden.

Rollmaterial

Um die Jahrhundertwende besaß die Ybbstalbahn insgesamt sechs Dampflokomotiven (Yv. 1-3 und U. 4-6) sowie 4 Post-/Gepäckwagen, 15 zweiachsige Personenwagen und 50 Güterwagen offener und gedeckter Bauart. Für den Bahnunterhalt standen zwei Schneepflüge, eine Draisine und etliche Kleinfahrzeuge (Loren) zur Verfügung.

Die drei Dampfloks der Type Yv. mit Achsfolge C2 bewährten sich anfänglich nicht sonderlich, da ihre beiden Laufachsen in einem Außenrahmendrehgestell gelagert waren, welches zu häufigen Entgleisungen neigte. Bereits 1898 kam es daher zum Umbau der drei Lokomotiven auf ein verbessertes Innenrahmen-Drehgestell, womit die Zahl der Entgleisungen stark zurückging. Nun erfüllten diese leistungsstarken Lokomotiven die in

ÖBB 2095 007 am 13.10.2004 in Lunz am See.

sie gesetzten Erwartungen und waren zum Teil bis in die 1960er Jahre im Ybbstal im Einsatz. Die anfänglichen Probleme waren auch der Grund, weshalb man bei der Beschaffung weiterer Lokomotiven wieder auf die bereits bewährte Achsfolge C1 der Reihe U zurückgegriffen hatte.

In den ersten Jahrzehnten des zwanzigsten Jahrhunderts wurde der Wagenpark den Bedürfnissen entsprechend ergänzt, das heißt, es wurden weitere Güterwagen beschafft, und in den 1920er Jahren kamen sogenannte vierfenstrige Personenwagen des Haubendachtyps dazu, die mit der Zeit die Wagen mit sogenannt achtfenstrigen Wagenkästen (fragilere Bauart durch dünne Fensterstreben) aus den Planzügen verdrängten.

Im Jahr 1928 kam mit der Heißdampflok Uh. 1 (der späteren 498.01) letztmals eine fabrikneue Dampflok zur Ybbstalbahn, denn schon relativ früh begannen auf dieser Schmalspurstrecke erste Versuche mit der damals neuartigen Verbrennungsmotortechnik. So fanden schon 1930 Probefahrten mit der mit einem Benzinmotor ausgerüsteten Bo-Lok 2021.01 statt, die noch bis vor einigen Jahren mit einem Dieselmotor versehen als 2090.01 den Verschub im Schmalspurteil des Bahnhofs Waidhofen an der Ybbs versehen hatte.

Ebenfalls 1930 wurde das Einzelstück 2070/s mit Achsfolge BoBo geliefert, eine dieselelektrische Lok mit 200 PS, die bis vor wenigen Jahren noch auf der Mariazellerbahn als Reservelok mit der Nummer 2093.01 im Einsatz stand. Die beiden Maschinen waren bis 1947 die beiden einzigen Motorlokomotiven im Ybbstal.

Nach dem Zweiten Weltkrieg waren 1945 auf der Bahn Dampfloks der Gattungen Bh, Uh, Uv und Yv im Einsatz, und erst 1947 kamen erstmals Dieselloks der heutigen Reihe 2091 zur Zugförderungsstelle Waidhofen/Ybbs. Im Verschub in Waidhofen war in der Nachkriegszeit hauptsächlich die Heeresfeldbahn-Dampflok 698.01 anzutreffen.

Bis in die frühen 1960er Jahre teilten sich nun Dampf- und Dieselloks gemeinsam die anfallenden Traktionsaufgaben der Ybbstalbahn. Die Dampfloks beförderten dabei eher die schwereren Züge und jene, die auch die Bergstrecke von Lunz nach Kienberg passierten. Die Domäne der relativ schwachen Dieselloks der Reihe 2091 waren die Lokalpersonenzüge im flacheren Streckenabschnitt und auf der Flügelbahn nach Ybbsitz.

1962 wurden die drei Dieselloks 2095.08, 09 und 10 an die Ybbstalbahn geliefert, wodurch die Ära

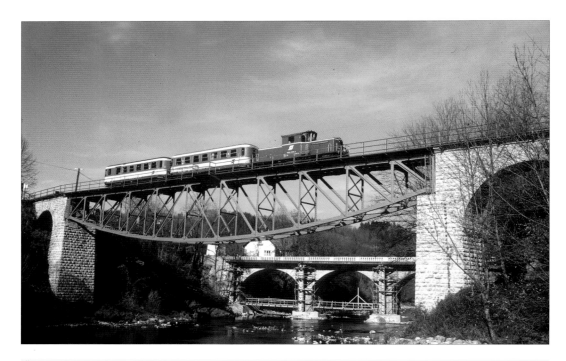

ÖBB 2091 009 am 5.11.1994 mit Regionalzug nach Ybbsitz in Gstadt.

des Dampfbetriebs ein rasches Ende fand. Vorübergehend befand sich damals auch die 2095.07 im Ybbstal, die dann an die Bregenzerwaldbahn nach Bregenz abgegeben werden musste. Die zugkräftigen und universell einsetzbaren Dieselloks der Reihe 2095 übernahmen fortan alle schwereren Züge und standen daher an Werktagen praktisch pausenlos im Einsatz. Bei Ausfall einer Lok stand meist keine Ersatzlok zur Verfügung, so daß mit einer oder (bei Bedarf) zwei Loks der Reihe 2091 gefahren werden mußte, oftmals unter Zurücklassen von schweren, beladenen Güterwagen. Diese Güterwagen mußten dann, sobald das nächste Mal eine 2095er »vorbeikam«, von dieser 600 PS starken Lok mitgenommen werden.

In den 1950er Jahren wurde begonnen, die Zweiachspersonenwagen mit neuen Spantenwagenkasten in Stahlbauweise zu versehen, wodurch der Wagenpark aussehensmäßig etwas modernisiert wurde. Zudem kamen in den 1960er und 1970er Jahren einzelne Vierachspersonenwagen von Zell am See und von der Hauptwerkstätte St. Pölten zur Ybbstalbahn, doch noch bis Mitte der 1980er Jahre lag die Hauptlast des Personenverkehrs bei den kleinen Zweiachspersonenwagen mit 28 oder 32 Sitzplätzen, je nachdem ob der Wagen den

»Luxus« eines Aborts aufzuweisen hatte oder nicht. Neben reinen Personenzügen hatte sich auf der Ybbstalbahn bis in die 1990er Jahre die Betriebsform des »PmG« (Personenzug mit Güterbeförderung) oder »GmP« (Güterzug mit Personenbeförderung) gehalten, wobei immer Holz das eigentliche Haupttransportgut darstellte. Reine Güterzüge waren früher eher die Ausnahme und wurden nur bei hohem Frachtanfall geführt. Heute fährt bei Bedarf in der Regel nur noch einmal pro Woche (aktuell 2006 am Dienstagmorgen) ein reiner Güterzug von Waidhofen nach Göstling und zurück, der die dort beladenen vierachsigen Rungenwagen mit Holz abholt. Andere Fracht fällt leider derzeit keine mehr an. Es ist dies übrigens zugleich der letzte Schmalspurgüterzug der gesamten ÖBB, da auf allen anderen Strecken (auch auf jenen mit Rollwagenverkehr) der Güterverkehr inzwischen eingestellt und aufgegeben wurde.

Mit der Betriebseinstellung der Bregenzerwaldbahn (Bregenz-Bezau) wurden 1980/83 diverse Fahrzeuge dieser ÖBB-Schmalspurbahn in das Ybbstal überstellt. Bereits 1980 kam die (zuletzt in Bezau eingeschlossene) Diesellok 2095.05 in das Ybbstal und half als vierte Diesellok mit, die dort sehr angespannte Situation der Zugförderung etwas zu entschärfen. Nach der Stillegung des Restbetriebes Bregenz-Kennelbach im Januar 1983 folgten im Frühjahr 1983 diverse Vierachspersonenwagen und etliche gut erhaltene und bestens gepflegte Güterwagen »neuerer« Bauart (von Busch/Bautzen 1943/1944 geliefert).

Dadurch hatte sich das Bild der Personenzüge in der Folge stark gewandelt, und die meisten Züge bestanden nun aus Vierachsern, allenfalls noch mit zweiachsigem Dienstwagen. Bis auf drei Zweiachser für Sonderfahrten wurden alle kleinen Personenwagen an andere Strecken abgegeben (Gmünd) oder verkauft (Steyrtal-Museumsbahn).

Bis 1994/1995 präsentierte sich die Ybbstalbahn als eine der letzten Oasen der Diesellokreihe 2091, welche mit Baujahr 1936-1940 auch bereits zu den Dieselaltzeitlern gezählt werden konnte. Die Loks dieses Typs waren zuletzt auch noch in Zell am See, Gmünd und St. Pölten anzutreffen, doch die Ybbstalbahn war am Schluss die einzige ÖBB-Schmalspurstrecke, auf welcher es zum planmäßigen Einsatz von Loks der Reihe 2091 vor Regionalzügen kam, teilweise sogar mit Vorspann- oder mit Zug- und Schiebelok!

Nach der Lieferung der dritten Serie der ÖBB-Schmalspur-Dieseltriebwagen der Reihe 5090, von welchen sechs Einheiten der Ybbstalbahn zugeteilt wurden, konnte vollständig auf den Einsatz der erwähnten Diesellokomotiven der Reihe 2091 verzichtet werden. Praktisch der gesamte Personenverkehr wurde von den neuen Dieseltriebwagen übernommen. Teilweise werden besser frequentierte Züge auch mit zwei- oder ausnahmsweise drei Triebwagen in Vielfachsteuerung geführt. Lediglich einzelne Zugpaare im Berufs- und Schülerverkehr und im Sommer die längeren Ausflugszüge mit zusätzlich angehängtem Fahrradtransportwagen werden derzeit noch mit Diesellokomotiven der Reihe 2095 und einem Wagensatz geführt.

Die 2091.09 ist als letzte historische Diesellok heute dem ÖBB-Geschäftsbereich »Nostalgie« zugeteilt und steht zur Führung von Sonderzügen zur Verfügung. Zum Berichtszeitpunkt war die Lok gerade leihweise auf der Waldviertelbahn (Heizhaus Gmünd NÖ) im Einsatz.

Nostalgiebetrieb

Erwähnung finden sollen noch die Aktivitäten vom Club 598 Verein der Freunde der Ybbstalbahn und voin der Österreichische Gesellschaft für Lokalbahnen (ÖGLB). Im Jahr 1973 fanden auf der Ybbstalbahn anläßlich der Feiern zum 75-jährigen Jubiläum Dampfsonderfahrten mit zwei Dampflokomotiven (298.207 und 399.03) aus Gmünd statt, deren absoluter Höhepunkt zweifellos der aus beiden Loks und 21 Wagen gebildete Festzug darstellte. Im selben Jahr wurde in Waidhofen der Club 598 Verein der Freunde der Ybbstalbahn gegründet, der es sich zum Ziel machte, eine Originaldampflok der Type Yv (ÖBB-Reihe 598, daher der Vereinsname) wieder in betriebsfähigen Zustand zu versetzen. So wurden 1975 die beiden noch existierenden, jedoch schon jahrelang abgestellten Dampfloks 598.02 und 598.03 durch den Verein erworben und in mühevoller Arbeit aus den Teilen der beiden Lokomotiven die Yv.2 wieder betriebsfähig hergerichtet. Die Yv.3 ist noch vorhanden, und sie diente ursprünglich als Ersatzteilspender für ihre Schwesterlok. Ende der 1990er Jahre hatte man dann beim Club 598 damit begonnen, auch die Yv.3 wieder schrittweise aufzuarbeiten mit dem erklärten Ziel, auch diese Lok wieder zum Fahren zu bringen. Noch steht diese Lok nicht unter Dampf, doch dem Club 598 ist das Erreichen auch dieses Ziels von Herzen zu wünschen.

Die dritte der Originallokomotiven der Ybbstalbahn, die Yv.1, stand viele Jahre als Denkmal vor dem Bahnhof Waidhofen, kam dann in desolatem Zustand nach Treibach/Althofen zu den Kärntner Museumsbahnen und wurde dann in der ÖBB-Hautpwerkstätte Knittelfeld äußerlich aufgearbeitet, um dann als Denkmal in Eichgraben/Altlengbach aufgestellt zu werden als Ersatz für die dort vorübergehend aufgestellte Lok 298.25, die heute wieder voll betriebsfähig bei der Bregenzerwald-Museumsbahn im Einsatz steht.

Der Club 598 betreut und pflegt neben den beiden Dampflokomotiven Yv.2 und Yv.3 auch vier zweiachsige Personenwagen (3 Spantenwagen und 1 sogenannter »Haubendachler«) sowie einen zweiachsigen Dienstwagen (Gepäckwagen), welche alle früher schon im Ybbstal gefahren sind und von den ÖBB übernommen werden konnten. Der rührige Verein organisiert auf der Ybbstalbahn in Zusammenarbeit mit den ÖBB-Dampfsonderfahrten.

Die Österreichische Gesellschaft für Lokalbahnen (ÖGLB) hat 1988 die Bergstrecke Lunz am See - Kienberg-Gaming nach deren Stillegung durch die ÖBB in ihre Obhut übernommen und setzt darauf einige ihrer Museumsfahrzeuge ein. Im Sommer-

ÖBB 2095 009 am 4.11.1994 mit Güterzug in Opponitz.

ÖBB 2091 009 und 2095 008 am 19.5.1991 im Abzweigbahnhof Gstadt.

ÖBB 2095.05 rangiert am 20.8.1981 in Waidhofen a.d. Ybbs.

halbjahr verkehren an gewissen Wochenenden Dampf- oder Dieselzüge »über den Berg«, wofür derzeit ehemalige ÖBB Dampflok 298.205 als Uv.1 oder eine der historischen Diesellokomotiven des Vereins zum Einsatz kommen. Die bis vor kurzem eingesetzten Dampflokomotiven 298.5 (NöLB U.1) und 298.104 (Nr. 4 MOLLN) mussten wegen Fristablauf vorübergehend abgestellt werden und erwarten ihre erneute Hauptausbesserung. Im Sommer 1991 konnte man vorübergehend auch die Diesellok 2091.008 der ÖBB vor den Bummelzügen antreffen, welche von der ÖGLB für jene Saison gemietet worden war. Neben den erwähnten Dampf- und Dieselloks sind etliche Zweiachspersonenwagen, zahlreiche Güterwagen sowie fünf Diessellokomotiven und zwei Draisinen vorhanden. Weitere Fahrzeuge der ÖGLB befinden sich auf der ebenfalls von diesem Verein betreuten und an der Semmeringbahn gelegenen Lokalbahn Payerbach-Hirschwang (Rax). Dort verdient ein in den letzten Jahren auf Basis alter Teile wieder neu aufgebauter vierachsiger Elektrotriebwagen der früheren Lokalbahn Payerbach-Hirschwang mit Nummer ET 1 besondere Erwähnung.

Ausblick/Zukunft der Ybbstalbahn

Wie bei den meisten anderen österreichischen Schmalspurbahnen ist auch die Zukunft der Ybbstalbahn nach wie vor relativ ungewiß.

Zwar schien die akute Einstellungsgefahr durch die Beschaffung der neuen Dieseltriebwagen im Rahmen der Trendwende »Umweltschutz und öffentlicher

Aktueller Fahrzeugbestand der Ybbstalbahn am 1.1.2006

Nummer	Hersteller	Bj./FNr.	geliefert für	Besonderes
Dieselloks				
2091.09	Simm	1940/65764	Treibach	ÖBB Nostalgie; derzeit Waldviertel
2095.005	SGP	1961/18130	Bregenz	ab 2006 Nostalgie-Lok "2095.05"
2095.007	SGP	1961/18151	Bregenz	zuerst 1961 kurz im Ybbstal gefahren
2095.008	SGP	1961/18152	Waidhofen	neu an Ybbstalbahn geliefert
2095.009	SGP	1961/18153	Waidhofen	neu an Ybbstalbahn geliefert
2095.010	SGP	1962/18154	Waidhofen	neu an Ybbstalbahn geliefert
Dieseltriebwagen				
5090.009	BWS/ABB	1994/867.002	Zell / See	1996 an Ybbstal (Tausch 5090.008)
5090.010	BWS/ABB	1994/867.003	Waidhofen	
5090.011	BWS/ABB	1994/867.004	Waidhofen	
5090.012	BWS/ABB	1995/867.005	Waidhofen	
5090.013	BWS/ABB	1995/867.006	Waidhofen	
5090.017	BWS/ABB	1995/867.010	Waidhofen	abgegeben an St. Pölten/Krumpe

Nostalgie-Fahrzeuge

Nummer	Hersteller	Bj./FNr.	geliefert für	Besonderes
a) Club 598				
598.02	KrLi	1896/3357	Waidhofen	Yv 2. betriebsfähige Dampflok
598.03	KrLi	1896/3358	Waidhofen	Yv 3 in Aufarbeitung Club 598
b) öGLB / NöLB				
298.104	KrLi	1890/2256	Garsten	Nr. 4 »Molln«, seit 2005 abgestellt
298.205	KrLi	1902/4785	Gmündex	NöLB Uv.1, seit 2001 betriebsfähig.
298.51	KrLi	1898/3709	St. Pöltenex	NöLB U.1, ex Steyrtal, abgestellt
2190.01	Simm	1934/65328	St. Pöltenex	BBö 2040.01 Krumpe
2093.01	Graz	1927/32848	Waidhofen	ex BBÖ 2070.01 Ybbstalbahn
2099.01	CFI	1985/24978	Baia Mare	2002 ex CFI L45H-089 Rumänien
D 7	GEBUS	1940/?	Lamingtaler Schleppbahn; ex Zillertalbahn D 7	
V 1	Gm	1940/3137	HF 130-C ex Heeresfeldbahn; ex Pengg/Thörl 1	

ÖBB	Österreichische Bundesbahnen
BBÖ	Österreichische Bundesbahnen vor 1938
ÖGLB	Österreichische Gesellschaft für Lokalbahnen
Club 598	Verein der Freunde der Ybbstalbahn
Simm	Simmeringer Lokomotiv und Wagenfabrik
SGP	Simmering Graz Pauker-Lokomotivfabrik
BWS	Bombardier Fahrzeugfabrik
KrLi	Lokomotivfabrik Krauss/Linz
Graz	Grazer Wagenfabrik; vormals Johann Weitzer
CFI	Caile ferate inguste/23. August Werke Bukarest
GEBUS	Gebus Lokomotivfabrik Moriz Gelinek Salzburg
Gm	Gmeinder Mosbach (Baden)
HF 130-C	Diesellok-Type, gebaut für Deutsche Heeresfeldbahn; KML 3

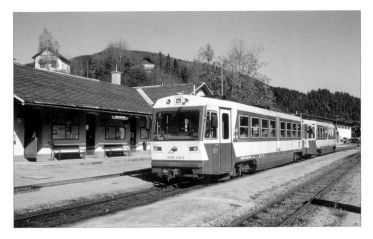

5090 012 + 5090 013 am 26.10.2000 in Lunz am See.

SSm-s 36 868 am 25.10.2000 in Grosshollenstein.

GGm-s 16 841 am 3.10.2004 im Bahnhof Ybbsitz.

Verkehr« etwas gebannt zu sein, doch die 1988 erfolgte Einstellung der Bergstrecke von Lunz nach Kienberg-Gaming war immerhin schon ein erster Verlust. Nach wie vor muß meines Erachtens eine mögliche Einstellung befürchtet werden, da die Bahn bei weitem nicht kostendeckend fährt und die Ortschaften auch auf der Straße (die übrigens gut ausgebaut ist) problemlos erreicht werden können, was einem Schienenersatzverkehr mit Autobussen entgegen käme.

Als weiterer Faktor muss eine gewisse Überalterung des Rollmaterials beachtet werden, denn auch die »neueren« Güterwagen haben inzwischen ein Alter von über 60 Jahren erreicht. Auch die Dieselloks der Reihe 2095 sind schon mehr als 44 Jahre alt, nähern sich also teilweise auch dem Ende der üblichen Lebenserwartung eines heutigen Eisenbahnfahrzeugs. Bei den Personenwagen stammen die Untergestelle auch fast ausschließlich aus der Jahren 1908 oder 1912, lediglich die Stahlwagenkasten in Spantenbauweise wurden in den 1950er und 1960er Jahren durch die Hauptwerkstätte St. Pölten erneuert. In den letzten Jahren wurden zum Teil auch die Sitze neu bezogen und die Wagen neu rot/beige, im sogenannten »Jaffa-Look« und später dann im aktuellen ÖBB-Design lackiert, doch ändert dies nichts an der Tatsache, daß längerfristig wieder einmal neues Wagenmaterial beschafft werden sollte. Hier nun wird es sich wohl entscheiden, ob an einen längerfristigen Erhalt der Ybbstalbahn gedacht wird, oder ob die nunmehrige Situation als »Auslaufbetrieb« anzusehen ist.

Die einzige wirkliche Investition war die Beschaffung der sechs neuen Dieseltriebwagen der Reihe 5090, die einen spürbaren Modernisierungsschub bewirkten. Die Fahrzeiten im Personenverkehr konnten beschleunigt und die Fahrzeugumläufe teilweise durch kürzere Wendezeiten etc. rationalisiert werden. Nachdem es auf dem Streckenabschnitt Göstling-Lunz am See zu einer gewissen Ausdünnung des Fahrplans mit Reduktion auf nur noch wenige Zugspaare pro Tag kam, wurde von den ÖBB der zuletzt gelieferte Triebwagen 5090 017 aus dem Ybbstal abgezogen und neu der Mariazellerbahn und der Krumpe (Strecke St. Pölten - Ober Grafendorf-Mank) zugeteilt.

Im Moment jedenfalls fährt der »Schafskäse-Expreß« noch als 760 mm-Schmalspurbahn, und ich kann einen Besuch dieser liebenswerten Bahn, die durch eine noch weitgehend intakte, idyllische österreichische Vorgebirgslandschaft fährt, nur jedem Eisenbahnfreund wärmstens empfehlen.

Literaturhinweise

»Zeunert's Schmalspurbahnen«: Diverse Bände; Verlag Ingrid Zeunert, Gifhorn
»Bahn im Bild Band 30: Die Ybbstalbahn«: Verlag Pospischil, Wien 1983.
»Schmalspurig durch Österreich«: Von Krobot/Slezak/ Sternhart; Verlag Slezak, Wien 1961/75.
»Renaissance der Schmalspurbahn in Österreich«: Von Slezak/ Sternhart; Verlag Slezak 1986
»Schmalspurbahn Aktivitäten in Österreich«: Von Markus Strässle; Verlag Slezak; Wien 1997

STKLB-Gastlok Bh 4 am 2.6.1994 auf der Hühnernest-Trestleworksbrücke.

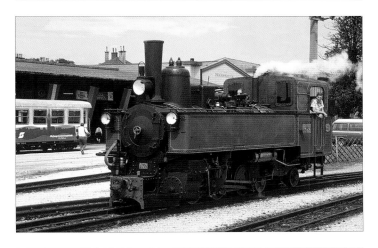

Club 598-Lok Yv 2 am 12.8.1989 auf einer Schau in Ober Grafendorf.

ÖGLB-Lok 2190.01 am 3.10.2004 in Lunz am See.

Joachim Schwarzer

Die Rügensche Kleinbahnstrecke Putbus-Göhren im Sommer 2006

Rügen ist Deutschland schönste und größte Insel, und es war für mich kaum vorstellbar, dass es dort so herrliche Landschaften gibt. Nicht wegzudenken ist hier auch der »Rasende Roland«, so wie die Schmalspurstrecke Putbus Göhren genannt wird. Eigentlich müsste es Lauterbach-Putbus-Göhren heißen, denn seit 28.5.1999 gibt es ein Dreischienengleis zwischen Putbus und Lauterbach Hafen, welches die Schmalspurbahn und die normalspurige Ostseelandbahn Bergen-Lauterbach gemeinsam nutzen.

Neben den aus den Kursbüchern bekannten Regelspurbahnen hat es auf der Insel drei Schmalspurstrecken gegeben, von denen der »Rasende Roland« als einzige übrig blieb. Bereits zwischen 1967 und 1971 wurden die Strecken Putbus-Altefähr und Bergen-Wittower Fähre-Wiek-Altenkirchen stillgelegt. Auch Putbus-Göhren stand zur

Betriebseinstellung an, doch frühzeitig erkannte man schon zu DDR-Zeiten die touristische Bedeutung dieser Bahn, verbindet sie doch alle Ostseebäder zwischen Binz und Göhren. Statt einer Stilllegung stand nun der Erhalt als technisches Denkmal an und gehörte fortan zum organisierten Besuchsprogramm der DDR-Reisebüros.

Nach der Grenzöffnung und der politischen Wende sowie einem wirtschaftlichen Auf und Ab ging die Strecke am 22.7.1995 in den Besitz des Landkreises Rügen über. Wenige Monate später am 1.1.1996 übernahm sie die Rügensche Kleinbahn GmbH & Co, die sofort mit umfangreichen Sanierungsarbeiten begann. Vor zwei Jahren kam es etwas unerwartet zu einer gewissen finanziellen Schieflage, über die in der Fachpresse berichtet wurde. Doch das ist vorbei und jetzt scheint Kontinuität und Zuversicht eingetreten zu sein.

Das Bahnbetriebswerk in Putbus.   *Alle Rügen-Fotos von Joachim Schwarzer*

Über die Geschichte der Schmalspurbahnen auf Rügen gibt es genügend Fachliteratur, die auch an den Fahrkartenschaltern der Kleinbahn zu erwerben ist und auf die an dieser Stelle nicht näher eingegangen werden soll. Vielmehr soll beschrieben werden, wie der Betrieb im Sommer 2006 abgewickelt wurde, denn leider sind die Fahrplantabellen in den amtlichen Kursbüchern nicht abgedruckt.

Betrieblicher Mittelpunkt der Bahn ist Putbus. Dem Hausbahnsteig der normalspurigen Ostseelandbahn direkt gegenüber, die im Sommer 2006 mit einem Desiro den Gesamtverkehr zwischen Bergen und Lauterbach abwickelte, befinden sich die Gleisanlagen und das Bahnbetriebswerk des »Rasenden Rolands«. Zwischen Normal- und Schmalspurgleis ist ein moderner Inselbahnsteig aus Verbundpflaster angelegt, so dass die Reisenden aus dem Regelzug ohne lange Wege in die Schmalspurbahn umsteigen können. Von dort aus in südlicher Richtung beginnt an einer Weiche direkt am Bahnübergang Binzer Strasse das Dreischienengleis nach Lauterbach. Dieses wurde am 28.5.1999 in Betrieb genommen und sollte den Fahrgästen aus den Seebädern zwischen Göhren und Binz eine Anreise ohne Umsteigen zum Lauterbacher Hafen ermöglichen, kann man doch von hier aus verschiedene Schiffstouren unternehmen. Das Dreischienengleis endet direkt auf der Mole als Stumpfgleis ohne Rangier- und Umsetzmöglichkeit. Deshalb sind zwischen Putbus und Lauterbach zwei Loks im Einsatz. An der Spitze zum Hafen befindet sich

99 783 am 24.7.2006 in Göhren.

99 4801 am 26.7.2006 im Haltepunkt Jagdschloß.

99 4632 am 23.7.2006 im Bahnhof Binz.

die Dampflok und als Schlussläufer, bzw. zurück nach Putbus, läuft die Diesellok V 51 901, eine ehemalige DB-Schmalspurlok, die in Baden-Württemberg und später dann in Österreich im Einsatz war und die nun auf Rügen eine neue Heimat gefunden hat.

Doch zurück nach Putbus. Im Freigelände stehen die Reservefahrzeuge und weiteres Material, dass der Aufarbeitung oder anderweitigen Verwendung entgegen sieht. Ferner kann man gegen eine freiwillige Spende das Pommersche Kleinbahnmuseum besichtigen, welches eine Vielzahl an Schmalspurfahrzeugen beheimatet, die sorgsam gepflegt werden. Museum und Bw-Gelände machen einen sauberen und aufgeräumten Eindruck. Nach Ankunft werden die Loks sofort aufgerüstet und für die nächste Fahrt bereitgestellt. Die Diesellok V 51 901 ist in der Regel neben dem Bw. im Freien abgestellt.

Die Strecke nach Göhren verlässt Putbus in nordöstliche Richtung und erreicht den eingleisigen Haltepunkt Beuchow und danach die ebenfalls eingleisige Haltestelle Posewald. Etwa 300 m außerhalb von Posewald befindet sich in südwestlicher Richtung an der Landstraße nach Lonvitz eine Ausweichstelle mit zwei Handweichen. Hier kreuzen Sonder- und Traditionszüge mit den Regelfahrten. Ein Aus- und Einstieg ist an dieser Stelle nicht möglich. Weiter geht es nach Seelvitz, einer kleinen Haltestelle mit Kreuzungsgleis, welches aber kaum genutzt wird. Hier wird wie bei den Stellen zuvor nur nach Bedarf für Radfahrer oder Wanderer angehalten. Gleiches gilt für Serams, denn dieser ebenfalls eingleisige Haltepunkt liegt abseits der gleichnamigen Ortschaft.

Danach erreicht der Zug das Ostseebad Binz. Der auf Rügen wohl bekannteste Ort hat zwei Bahnstationen. Der Bahnhof der Schmalspurbahn; »Binz Lokalbahn« ist von den Anlagen der Deutschen Bahn AG »Ostseebad Binz« ziemlich weit entfernt und durch Linienbusse und der innerörtlichen Bäderbahn, einer Gummieisenbahn aus Traktorlok und angehängten Wagen, verbunden. Will man diese nicht nutzen, steht ein Fußweg von ca. 20 Minuten an.

Wenden wir uns dem Bahnhof Binz Lokalbahn zu. Das Bahnhofsgebäude befindet sich in einem hervorragenden Zustand und beherbergt neben einer Gaststätte mit vielen Bahnutensilien einen Fahrkartenschalter, eine Touristinformation und ein kleines Eisenbahnmuseum. Für den Zugverkehr stehen drei Bahnsteiggleise sowie ein weiteres Betriebsgleis zur Verfügung. Hier wenden der Traditionszug von Putbus und die saisonalen Verstärkerzüge aus Göhren. Ferner kreuzen dort alle zwei Stunden die Regelzüge. Bevor diese den Bahnhof verlassen wird noch mal ordentlich nachgeheizt, und es ist ein herrliches Schauspiel, wenn es unter Volldampf weiter geht. Hier am Lokalbahnhof gibt es auch eine Bushaltestelle mit Busverbindungen zu allen größeren Orten der Insel. Die Strecke steigt jetzt an, führt durch einen Wald und erreicht den eingleisigen Haltepunkt Jagdschloss. Wer hier aussteigt kann sich im Pferdefuhrwerk zum Jagdschloss Granitz kutschieren lassen oder alternativ den Wanderweg dorthin nutzen. Das Schloss ist einen Besuch wert, und man sollte es nicht versäumen, den Schlossturm zu besteigen, von dem es einen herrlichen Blick über weite Teile der Insel gibt. Bergab führt das Gleis zum Kreuzungspunkt Garfitz, dessen Umfahrgleis bei Bedarf genutzt wird. Weiter geht es durch eine wunderschöne Landschaft vorbei am ebenfalls eingleisigen Haltepunkt Sellin West. um anschließend die Kreuzungsstation Sellin Ost zu erreichen. Hier begegnen sich die Regelzüge mit den saisonalen Zusatzfahrten. Die Weichen sind ferngesteuert. Das Bahnhofsgebäude beherbergt ebenfalls eine Gaststätte und ist in Privatbesitz.

Kurze Zeit später durchfährt man den Bedarfshaltepunkt Philippshagen und gleich danach kommt der Endpunkt Göhren. Der Bahnhof befindet sich unterhalb der gleichnamigen Gemeinde, fast direkt am Ostseestrand. Hier liegen die Gleise noch in Sandbettung. Die Lok wird abgekuppelt, rangiert an den Lokschuppen und wird für die Rückfahrt aufgerüstet. Schauen wir uns noch ein wenig um. Das Bahnhofsgebäude beherbergt ebenfalls einen Fahrkartenschalter mit Souvenirverkauf, ansonsten sind dort und in einigen Nebengebäuden verschiedene Gaststätten mit Schwerpunkt Fischspezialitäten und anderen Dingen untergebracht. Am Rande des Bahngeländes hat ein Modellbahnclub sein Zuhause, dessen Anlagen in verschiedenen Spurweiten an bestimmten Tagen in der Woche zu besichtigen sind. Einige Anmerkungen zu den Betriebsabläufen. Alle Züge beginnen und enden in Putbus. Im Endpunkt Göhren sind über Nacht keine Fahrzeuge abgestellt. Die Dampfloks fahren mit Führerhaus, bzw.

99 783 am 24.7.2006 bei der Ausfahrt aus dem Bahnhof Göhren.

Kohletender voraus in Richtung Göhren. Im Juli 2006 waren die 99 782, 783, 99 784, 99 4801 und 99 4802 sowie die 99 4632 und 99 4633 (letztere schwarz-grün lackiert und beschriftet als Mh 53) im Einsatz, ferner für den Verkehr zwischen Putbus und Lauterbach Hafen die V 51 901. Diese Lok zieht den Zug von Lauterbach aus immer in Richtung Putbus.

Das Fahrplanangebot ist saisonabhängig gestaltet und richtet sich in erster Linie an die Bedürfnisse der Touristen und Ausflügler. Die meisten Fahrgäste werden zwischen Binz und Göhren befördert. In der Hauptsaison sind bis zu vier Züge gleichzeitig im Einsatz. Diese bestehen in der Regel aus sieben vierachsigen Reisezugwagen und zwei Wagen für den Fahrradtransport. Als besondere Attraktion wird ein Traditionszug in brauner Farbgebung vorgehalten, der in der Regel mit der Mh 53 oder der 99 4632 bespannt ist und der dreimal täglich von Ende Mai bis Anfang September zwischen Putbus und Binz pendelt. In Ergänzung zum Traditionszug und speziell für die Touristen der Seebäder fahren drei weitere Zugpaare zwischen Binz und Göhren, die morgens und abends ab/bis Putbus verlängert werden.

Für die vorgenannten Züge stehen die Kreuzungsbahnhöfe Posewald (hier außerhalb des eigentlichen Bahnsteigs), Binz und Sellin Ost zur Verfügung. Ferner kann bei Bedarf in Seelvitz und Garfitz gekreuzt werden. Mit personalbedienten Fahrkartenschaltern ausgerüstet sind Putbus, Binz und Göhren, ansonsten bekommt man die Fahrausweise im Zug. Eine einfache Fahrt über die Gesamtstrecke von Lauterbach bis Göhren, die beliebig oft unterbrochen werden kann, kostest 8,00 Euro. Will man sein Fahrrad mitnehmen, sind weitere 2,10 Euro erforderlich. Hin- und Rückfahrt kosten das Doppelte, Familien mit zwei Erwachsenen und bis zu drei Kinder können eine Familienkarte erwerben. Leider ist die Schmalspurbahn nicht in weitere regionale Angebote von Bus und Bahn mit einbezogen, auch die beliebte Rügencard wird seit Jahresanfang 2006 nicht mehr anerkannt.

Die gesamten Bahnanlagen befinden sich in einem sehr guten Zustand, alles ist sauber und aufgeräumt. Viele Bahnhöfe und Haltepunkte sind modernisiert und haben oftmals Bahnsteige aus Verbundpflaster, was nicht so ganz zu einer Schmalspurbahn passen will. Wem das nicht gefällt, sollte sich Fotostandpunkte in der schönen freien Landschaft suchen. Als besonderer Tipp sei der Endpunkt Göhren erwähnt, da hier noch die

99 783 am 24.7.2006 im Bahnhof Göhren.

Gleisanlagen und das Umfeld so sind wie früher.

Gütertransporte auf der Schiene gibt es seit 1969 nicht mehr. Abgesehen von einigen Bahn-dienstwagen werden auch kein-erlei Güterwaggons vorgehal-ten.

Wer diese reizvolle Bahn auf Rügen besuchen will, sollte sich hierzu viel Zeit nehmen. Auch der Verfasser von diesem Beitrag wollte während seines Urlaubs-aufenthaltes im Ostseebad Binz nur mal kurz vorbei schauen, wurde dann vom Bazillus Rügen-sche Schmalspurbahn befallen und war schließlich fast jeden Tag dort, wenn auch manchmal nur für kurze Zeit.

Mh 53 am 31.7.2006 im Bahnhof Binz.

V 51 901 rangiert am 2.8.2003 in Putbs.

*Wer mehr über die RüKB wissen möch-te sei auf das »**Grosse Buch der Rügenschein Kleinbahnen**« von W. Bauchspies, K. Jünemann und K. Kieper (Verlag Karl Paskarb, Landstallmei-sterring 22, 29227 Celle) hingewiesen, das auf 368 Seiten 210x290 mm um-fassende Informationen in Wort und Bild bietet.*

Wolfgang Zeunert

Neue H0e-Modelle

ÖGEG-Tenderlok Reihe 498.04 (Liliput H0e L141494)

Um die Verluste des Ersten Weltkriegs auszugleichen und den Bedürfnissen des stärker gewordenen Rollwagenverkehrs gerecht zu werden wurde in Österreich die an sich bewährte Schmalspurlok der Reihe U überarbeitet und mit größerem Kessel als Heißdampflok in den Jahren 1928-1932 in acht Exemplaren als Reihe Uh für verschiedenen Schmalspurbahnen gebaut. Diese nun stärkere Zweizylindermaschine mit der Achsfolge C1h2t leistete 247 PS. Ab 1928 wurden die Loks an die Ybbstalbahn, die Bregenzerwaldbahn und die Pinzgauer Lokalbahn geliefert. Im Jahr 1930 erhielt die Zillertalbahn außerdem die Uh 5, und 1931 kam noch je eine Maschine zur Pinzgauer Lokalbahn und zur Mariazellerbahn. Bei dieser Loktype liegt der Kessel höher als bei der Reihe U. Die kürzeren Wasserkästen können bis zu 3 m³ Wasser fassen, und der an die rückwärtige Führerhauswand angebaute Kohlenkasten nimmt 1,3 t Kohle auf. Die etwa 28,1 t schwere und 8.020 mm lange Lokomotive erreicht eine Höchstgeschwindigkeit von 40 km/h. Auch heute gibt es noch fahrbereite Uh,

beispielsweise die ZB-Lok 5 »Gerlos« oder die ÖGEG-Lok 408.04.

Das Liliput-H0e-Modell (hier wird die ÖGEG-Lok besprochen) ist wie das Vorbild wohl proportioniert und sieht genau so aus, wie man sich idealerweise eine Schmalspurdampflok vorstellt. Der hoch liegende Kessel mit zahlreichen Aufbauten, die markante Stirnansicht mit den neben dem Kessel angebrachten Loklampen, die kräftig gebauten Wasserkästen und der rückseitige Kohlenkasten geben der Lok das charakteristische Aussehen. Die Aufbauten sind makellos mattschwarz lackiert und zweifarbig lupenrein bedruckt. Mehrere extra angesetzte Handläufe wurden als wirksamer Kontrast aus rotem Plastikmaterial gefertigt. Der Führerhausdurchblick ist frei (und bietet damit genügend Platz für einen Decoder). Das rot lackierte Fahrwerk hat brünierte Räder und ein sehr zierliches, der Uh nachempfundenes Gestänge. Die Kraft des Einachsantriebs wirkt auf die mittlere Treibachse, was der Lok ein zufriedenstellendes Fahrverhalten verleiht. Von Puristen ist bekannt, daß sie

Liliput/Bachmann (H0e): Das neue Lokmodell der Reihe Uh vor einem klassisch österreichischen POLA-Bahnhof.

Liliput/Bachmann (H0e):
Drei Ansichten vom neuen Lokmodell der Reihe Uh.

am Fahrwerk eine Unstimmigkeit feststellen, die damit zusammenhängt, daß Liliput das vorhandene Fahrwerk der Reihe U verwendet hat, was beim Vorbild der Uh etwas anders ist.

Ich denke, wir sollten es dabei mit meiner Großmutter halten, die in solchen Fällen zu sagen pflegte: »Das fällt beim Schnellfahren nicht auf!« Und dem ist so.

Fazit. Die Schmalspurbahn-Modellbahner freuen sich über ein neues, schönes, gelungenes und erschwingliches Dampflokmodell, das sicher bald auf vielen Anlagen seinen Betriebsdienst aufnehmen wird.

ÖBB-Mariazellerbahn-Reisezugwagen (ROCO H0e 34003-34005)

Die Österreichischen Bundesbahnen (ÖBB) haben in den 1960er Jahren durch Umbau älterer Fahrzeuge eine grössere Anzahl vierachsiger Reisezugwagen 1./2. und 1. Klasse sowie 2. Klasse mit Gepäckabteil erhalten. Die Wagen wurde im Laufe der Jahre mehrfach umlackiert und teilweise mit Werbebeschriftung versehen. Die Waggons für die ÖBB-Mariazellerbahn unterschieden sich von den Wagen anderer Schmalspurstrecken durch ihre traditionell braune Lackierung.

ROCO hat schon seit geraumer Zeit diese Wagen im H0e-Programm und legte jetzt die braunen Mariazellerbahn-Wagen neu auf. Die drei Modelle ABiph-s, B4iph-s und BD4iph-s entsprechen in ih-

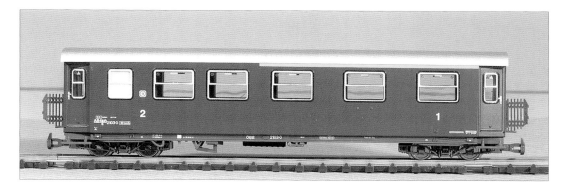

ROCO H0e (34005): ÖBB-Mariazellerbahn-Wagen 1./2. Klasse.

ROCO H0e (34003): ÖBB-Mariazellerbahn-Wagen 2. Klasse.

ROCO H0e (34004): Öbb-Mariazellerbahn-Wagen 2. Klasse mit Gepäckabteil.

rer Ausführung auch heute noch allen Ansprüchen. Der 1./2. Klasse-Wagen hat vorbildgerecht 6 Fenster, während der 2. Klasse-Wagen 7 Fenster hat, alle mit silber-eloxierten eingefassten Fenstern, zweifarbig bedruckt und extra eingesetzt. Beim 2. Klasse-Wagen mit Gepäckabteil ist der zurückgesetzte Seitenwandteil sorgfältig nachgebildet, in den die Gepäckraumladetür aufgeschoben wird. Auch die aufgedruckte Vergitterung der Gepäckraumfenster wurde nicht vergessen. An allen Wagenenden sind asymmetrisch die Übergangsschutzgitter angebracht. Die Wagen haben ab Fabrik Bosna-Kupplungen eingebaut, aber Kupplungsbügel sind ebenso wie Griffstangen und Bremsschläuche zwecks Eigenmontage beigelegt. Fazit: Gute Idee, diese feinen Wagen wieder aufzulegen.

ROCO H0e: *Stilreiner Zug der DR-Rügenschen Kleinbahnen mit Lok 99 4652 und den drei neuen Personenwagen.*

DR-Schmalspurpersonenwagen (ROCO H0e 34040-34042)

Die Modelleisenbahn GmbH hat die drei im RO-CO-Programm angekündigten zweiachsigen DR-Personenwagen wie versprochen realisiert. Die Vorbilder der Waggons wurden 1895 bis 1897 von EMG, Görlitz, für die Rügenschen Kleinbahnen gebaut. Die Modelle im Einzelnen:

DR-Gepäckwagen KDw 975-101: Gepäckwagen mit hölzernem, grün lackiertem Wagenkasten, der zwei offene Endbühnen mit Stirngitter und Handgriffen hat. In den Seitenwänden zwei Fenster und eine (angedeutete) Laderaumschiebetür. Fahrwerk mit Nietreihen am Längsträger, gut gravierten Achslagern mit Federpaketen und Bremsbacken in Radebene. Graues Haubendach mit eingesetztem Toilettenlüftungsrohr und Rolle (imitiert) für das Seil der Gewichtsbremse Bauart Görlitz. Bosna-Kupplungen kulissengelagert, Kupplungsbügel liegen bei. Fein ausgeführte Trittstufen unter den Endbühnen und der Laderaumtür. Wegen Letzterer ist vorsichtiges Entnehmen aus der Packung em-

pfohlen, obgleich die Teile aus federndem, weichen Plastikmaterial bestehen, die in den Rahmen gesteckt und relativ robust sind.

DR-Personenwagen KB 971-207: Personenwagen mit hölzernem, grün lackiertem Wagenkasten der zwei offene Endbühnen mit zierlichen Dachstützen hat. Seitenwände mit vier Fenstern, durch die eine Inneneinrichtung erkennbar ist. Graues Haubendach mit Toilettenlüftungsrohr, Lüftern und Rollen für das Seil der Gewichtsbremse. Fahrwerk ähnlich dem des Gepäckwagens.

DR-Personenwagen KBp971-205: Personenwagen mit verblechtem Wagenkasten. Ausführung sonst wie der Wagen mit hölzernem Wagenkasten. Fazit. Es handelt sich um Wagenmodelle nach deutschem Vorbild in einer bemerkenswert zierlichen und sorgfältig gestalteten Ausführung. Sie sind zwar aus Kunststoff gefertigt, aber von einer Qualität, die Handarbeitsmodellen wirklich nicht nachsteht.

DR-Feldbahnloren (ROCO H0e 34515)

In einer Zweierpackung sind vierachsige Feldbahnloren OOm mit DR-Beschriftung und den Betriebsnummern 97-78-20 + 97-7823 lieferbar. Die voluminigen, offenen Wagenkästen ruhen auf jeweils zwei zweiachsigen Lorenfahrwerkrahmen. Sie sind

Güterwagen-braun lackiert und haben eine imitierte Kartoffelladung.

Fazit: Unentbehrliche Wagen für eine kleine, ländliche Schmalspurbahnanlage, auf der diese Loren einem Gutsanschluss (Auhagen, Faller) bedienen.

ROCO H0e (34042)

DR-Gepäckwagen 975-101 mit Holz-aufbau. Die drei hier vorgestellten ex RüKB-Wagen sind von einer so vor-trefflichen Ausführung, die man we-der mit einer kurzen Beschreibung noch mit nur einem Foto hinreichend würdigen kann. Man muss diese klei-nen Prachtstücke einfach mal in den Händen gehalten haben.

ROCO H0e (34041)

DR-Personenwagen 971-207 mit höl-zernem Wagenkasten..

ROCO H0e (34040)

DR-Personenwagen 971-205 mit ei-nem blechbeplanktem Wagenkasten.

ROCO H0e (34515)

Eine vierachsige DR-Feldbahnlore OOw mit Kartoffelladung, die in einem Zweierset angeboten wird.

Bestellkarte

Porto je Buch EUR 1,40

Verlag Ingrid Zeunert • Postanschrift: Postfach 14 07, D 38504 Gifhorn
Hausanschrift: Hindenburgstrasse 15, D 38538 Gifhorn
Telefon: 05371-3542• Telefax: 05371-15114 • e-mail: webmaster@zeunert.de
Ust-IdNr. DE 115235456

Expl. DIE KLEINBAHN je EUR 10,00 (D) Band 2 ☐ Band 4 ☐	
Expl. DIE KLEINBAHN je EUR 11,50 (D) Band 5 ☐ Band 6 ☐	
Expl. DIE KLEINBAHN je EUR 15,00 (D) Band 7 ☐ Band 8 ☐ Band 9 ☐ Band 10 ☐ Band 11 ☐ Band 12 ☐ Band 13 ☐ Band 14 ☐ Band 15 ☐	
Expl. ZEUNERT'S SCHMALSPURBAHNEN je EUR 11,50 (D) Band 11 ☐ Band 12 ☐ Band 13 ☐ Band 14 ☐	
Expl. ZEUNERT'S SCHMALSPURBAHNEN je EUR 12,50 (D) Band 15 ☐ Band 16 ☐ Band 17 ☐ Band 18 ☐ Band 19 ☐	
Expl. ZEUNERT'S SCHMALSPURBAHNEN je EUR 15,00 (D) Band 20 ☐ Band 21 ☐ Band 22 ☐ Band 23 ☐ Band 24 ☐ Band 25 ☐	

Name: _____

Strasse und Hausnummer: _____

PLZ: _____ Ort: _____ 1. Unterschrift: _____

Wichtige rechtliche Garantie: Ich weiß, daß ich diese Bestellung innerhalb von 10 Tagen wiederrufen kann. Zur Fristwahrung genügt die Absendung des Widerrufs innerhalb dieser Zeitspanne an den Verlag Ingrid Zeunert, Postfach 14 07, 38504 Gifhorn. Ich bestätige meine Kenntnisnahme durch meine 2. Unterschrift:

Datum: _____ 2. Unterschrift: _____

1206

Bestellkarte

Porto je Buch EUR 1,40 (D)

Verlag Ingrid Zeunert • Postanschrift: Postfach 14 07, D 38504 Gifhorn
Hausanschrift: Hindenburgstrasse 15, D 38538 Gifhorn
Telefon: 05371-3542• Telefax: 05371-15114 • e-mail: webmaster@zeunert.de
Ust-IdNr. DE 115235456

Stück	V.-Nr.	Titel	Einzelpreis
	012	Moderne Privatbahn in der Grafschaft Bentheim	EUR 20,00 (D)
	017	Lokalbahnen in der Steiermark (Steierm. Landesb.)	EUR 25,00 (D)
	018	Die Feldbahn (Band 4)	EUR 30,00 (D)
	021	Die Feldbahn (Band 5)	EUR 23,00 (D)
	024	Schmalspurbahnen Zittau-Oybin/Jonsdorf	EUR 15,00 (D)
	027	Wismarer Schienenomnibusse der Bauart Hannover	EUR 20,00 (D)
	036	Die Feldbahn (Band 6)	EUR 28,00 (D)
	040	Grosse Modellbahnen - Gartenbahn Bibliothek (Band 1)	EUR 28,00 (D)
	042	Die Feldbahn (Band 7)	EUR 28,00 (D)
	044	Güter- und Schlepptriebwagen	EUR 28,00 (D)
	048	Die Feldbahn (Band 8)	EUR 29,50 (D)
	050	Grosse Modellbahnen - Gartenbahn-Bibliothek (Band 2)	EUR 28,00 (D)
	051	Eisenbahnen und Verkehrsbetriebe Elbe-Weser	EUR 29,50 (D)

Name: _____

Strasse und Nr. _____

PLZ: _____ Ort: _____

Datum: _____ Unterschrift: _____

1206

Wir sind Spezialisten für Kleinbahn-Literatur

Internet: http://www.zeunert.de   **e-mail:** webmaster@zeunert.de

Hiermit bestelle ich zur fortlaufenden Lieferung bis auf
jederzeit möglichen Widerruf:

ZEUNERT'S SCHMALSPURBAHNEN

ab Band ___

Preis je Band zur Zeit EUR 15,00 (D)

DIE KLEINBAHN

ab Band ___

Preis je Exemplar ab Band 16 EUR 17,50 (D)

Die Feldbahn

ab Band ___ Preis je Band zur Zeit EUR 29,50 (D)

Keine Abonnementbezahlung im voraus. Jeder Band wird mit
Rechnung und im Abonnement portofrei geliefert.

Name:

Strasse und Hausnummer:

PLZ und Ort:

1. Unterschrift: **Datum:**

Wichtige rechtliche Garantie: Ich weiß, daß ich diese Bestellung
innerhalb 10 Tagen widerrufen kann. Zur Fristwahrung genügt die
Absendung des Widerrufs innerhalb dieser Zeitspanne an den
Verlag Ingrid Zeunert, Postfach 14 07, 38504 Gifhorn. Ich bestätige
meine Kenntnisnahme durch meine zweite Unterschrift.

2. Unterschrift: _____ 1206

Bitte
ausreichend
frankieren

Postkarte

Verlag Ingrid Zeunert
Postfach 14 07

D 38504 Gifhorn

Hiermit bestelle ich zur fortlaufenden Lieferung bis auf
jederzeit möglichen Widerruf:

ZEUNERT'S SCHMALSPURBAHNEN

ab Band ___

Preis je Band zur Zeit EUR 15,00 (D)

DIE KLEINBAHN

ab Band ___

Preis je Exemplar ab Band 16 EUR 17,50 (D)

Die Feldbahn

ab Band ___ Preis je Band zur Zeit EUR 29,50 (D)

Keine Abonnementbezahlung im voraus. Jeder Band wird mit
Rechnung und im Abonnement portofrei geliefert.

Name:

Strasse und Hausnummer:

PLZ und Ort:

1. Unterschrift: **Datum:**

Wichtige rechtliche Garantie: Ich weiß, daß ich diese Bestellung
innerhalb 10 Tagen widerrufen kann. Zur Fristwahrung genügt die
Absendung des Widerrufs innerhalb dieser Zeitspanne an den
Verlag Ingrid Zeunert, Postfach 14 07, 38504 Gifhorn. Ich bestätige
meine Kenntnisnahme durch meine zweite Unterschrift.

2. Unterschrift: _____ 1206

Bitte
ausreichend
frankieren

Postkarte

Verlag Ingrid Zeunert
Postfach 14 07

D 38504 Gifhorn

Wir sind Spezialisten für Kleinbahn-Literatur
Internet: http://www.zeunert.de   **e-mail:** webmaster@zeunert.de